ROOM SERVICE

DES MÊMES AUTEURS

GOURMANDISES & RÉGALADES, recettes d'Yves Camdeborde, préface de Sébastien Lapaque, Robert Laffont, 2003.

DES TRIPES ET DES LETTRES, éditions de l'Epure, 2007.

ISBN 978-2-7427-6025-1

YVES CAMDEBORDE
SÉBASTIEN LAPAQUE

ROOM SERVICE

Rendez-vous gastronomiques
et littéraires au *Relais Saint-Germain*

ACTES SUD

Hôtel Relais Saint-Germain
9, carrefour de l'Odéon
75006 Paris
Tél. 01 43 29 12 05
www.hotel-paris-relais-saint-germain.com

L'ADDITION EST POUR LA MAISON

Convier ensemble la littérature et la gastronomie n'est pas une idée neuve. Pour être inattendu, il eût fallu les séparer. Depuis les banquets antiques, ces deux-là marchent côte à côte et s'entendent plutôt bien. Qui prétendra le contraire ? La cuisine, c'est toujours une affaire de mots, et les mots, une affaire de cuisine.

Il suffit simplement de penser au vocabulaire imagé employé sur le piano. Débrider, décanter, décoffrer, déglacer, dégorger, dégraisser, délayer, démouler, dénerver, désosser, détailler… De la poésie automatique, à faire pâlir de jalousie les surréalistes. D'Honoré de Balzac à Antoine Blondin, en passant par Guy de Maupassant, Alexandre Dumas et Georges Simenon, les romanciers s'en sont délectés. Avant même de s'intéresser aux mets qu'ils servaient à leurs personnages, ils ont fait sonner leur intitulé. Nom de plat : le nom. Même le délicieux Marcel Proust, qui s'imposait un régime strict à base d'œufs et d'ailes de poulet, n'a pas pu renoncer à ce plaisir. On se souvient de cette confidence du narrateur dans la *Recherche* : "Ce que j'aime, dans les nourritures criées, c'est qu'une chose entendue, comme une rhapsodie, change de nature à table et s'adresse à mon palais." De l'ouïe aux babines, la proposition ne cesse de s'enrichir. Cervelle de canut et alouettes sans tête, croquignoles et estouffade, baba et milhassou…

Logés en place choisie dans l'édifice immense du souvenir, les noms de plats déploient un lyrisme infini. Ils racontent des histoires, invitent au voyage, perpétuent la mémoire des hommes illustres. Ainsi la poularde de Bresse en vessie façon Mère Brazier et le brochet au beurre blanc à la Curnonsky, les glaces plombières Tortoni et le club sandwich César Ritz. Un plat, c'est à la fois un traité savant, un livre d'histoire et un roman d'aventures. Et une géographie nouvelle : la sauce béarnaise n'a pas été inventée au pied des Pyrénées, mais à Saint-Germain-en-Laye. En matière d'étymologie, les chevaliers de la Gueule sont querelleurs. On se dispute toujours sur l'origine du poulet marengo, que nous attribuons volontiers à Dunand, le cuisinier de Bonaparte.

Toute tradition étant vivante, nous nous sommes amusés à la prolonger en proposant une nouvelle rencontre entre la littérature et la gastronomie. Vingt-trois écrivains qui ont chacun donné leur nom à une chambre de l'hôtel *Relais Saint-Germain* – celle de Rabelais n'étant autre que la cave – ont été honorés de recettes inspirées par leurs livres accompagnées de petits hommages célébrant leur œuvre et leur vie. Pour composer le menu de certains convives, il n'y a rien eu à inventer. Le *Room Service* pouvait difficilement proposer à M. Marcel Proust autre chose que des madeleines ou priver M. Casanova d'huîtres. M. Ernest Hemingway a exigé qu'on lui serve une côte de taureau de combat de Navarre, M. Guy de Maupassant de la bécasse rôtie et M. Georges Simenon du ris de veau à la belge. Ce qui a été fait.

A certains invités du *Relais Saint-Germain*, lors de ce festin d'un genre un peu particulier, il a été réservé des surprises. M. James Joyce, qui est chez lui dans le quartier de l'Odéon où a naguère été édité son roman *Ulysse*, a pu déguster les rognons de mouton qui font rêver son héros Léopold Bloom ; M. Georges Bernanos, revenu au Quartier latin longtemps après y avoir mené des chahuts d'étudiants, a été récompensé avec une religieuse au café. Des chambres voisines avaient été réservées aux poètes béarnais, montés en nombre sur Paris et régalés en abondance : de la poule-au-pot pour Mme la Princesse de Navarre, du saumon sauvage de l'Adour pour M. Francis Jammes et une garbure pour M. Paul-Jean

Toulet, qui a refusé d'ôter son béret pyrénéen pour la déguster. Il était recommandé au personnel d'avoir le don des langues, puisque les invités du *Relais Saint-Germain* parlaient non seulement le français, mais également l'anglais, le chinois ou le portugais, comme M. Jorge Amado, venu spécialement de Salvador de Bahia. On aurait pu également entendre parler latin et grec, mais M. Petrone s'est fait porter pâle et M. Aristophane est resté introuvable. Un peu avant minuit, MM. Honoré de Balzac, Alexandre Dumas et Curnonsky se sont installés en cuisine pour un interminable colloque sur la cuisson des poissons de rivière. Au salon, on a vu M. Frédéric Dard s'entretenir très sérieusement de technique romanesque avec M. Marcel Aymé, tandis que M. Charles Perrault disait du mal de la dernière pièce de Racine jouée à l'hôtel de Bourgogne avec Mme de Sévigné. A l'étage, il y a eu du tapage : MM. Antoine Blondin et Arthur Rimbaud avaient dévalisé le minibar de la chambre de Mlle Françoise Sagan avec M. Li Po. On les a envoyés à la cave, où M. François Rabelais, d'excellente humeur toute la soirée, avait commencé à déboucher des magnums.

A l'aube, il ne restait plus une miette. M. Blondin a entraîné les rescapés toréer les voitures boulevard Saint-Germain en criant des injures à la France qui se lève tôt. On n'était plus tout à fait ni dans la gastronomie ni dans la littérature. Pour y revenir, nous nous sommes empressés de retrouver dans un grand désordre d'assiettes sales et de bouteilles vides les discours composés à la gloire des écrivains et les recettes imaginées en leur honneur.

Les voici rassemblés. Tels quels.

YVES CAMDEBORDE
ET SÉBASTIEN LAPAQUE

Chambre 10

GEORGES SIMENON,
LE COLLECTIONNEUR

Ris de veau à la belge
Tarte aux mirabelles de Mme Maigret

Couvert de livres, de femmes, d'argent, de personnages, Georges Simenon (1903-1989) a cultivé sa légende dans un siècle traversé en homme pressé. A vingt-quatre ans, ce forçat de la Remington écrivait trois cents lignes dactylographiées en trois quarts d'heure. On enviait ce garçon qui avait la réputation de dicter un roman par jour. "Un par trois jours", revendiquait-il, plus modestement. Au mieux de sa forme, lorsqu'il produisait des fictions populaires à la chaîne, le romancier liégeois venu trouver la gloire à Paris tenait onze heures sur sa machine à écrire et envoyait quatre-vingts pages par jour. Soixante-dix mots minute ! La cadence fut une donnée essentielle de son économie intime. Quand il eut fini de "gâcher du plâtre" en se faisant la main sur des romans de genre et qu'il donna ses premiers chefs-d'œuvre *(Les Pitard, Le Bourgmestre de Furnes, Les Inconnus dans la maison, La Veuve Couderc)*, il ne perdit jamais l'habitude d'écrire ses livres d'une traite. La création lui arrangeait des mondes qu'il avait du mal à quitter. Simon Leys, qui lui a succédé à l'Académie royale de langue et de littérature françaises de Belgique, a mis en valeur cet aspect du mythe : "Peu d'écrivains furent aussi totalement romanciers ; très tôt d'ailleurs, de bons connaisseurs comme Gide et Mauriac ne s'y sont pas trompés – leur admiration pour le phénomène Simenon se teintait d'envie et d'une sorte d'incrédulité : comment diable s'y prenait-il, cette espèce de boutiquier belge sans culture et sans idées, pour leur donner d'aussi éblouissantes leçons sur leur propre terrain ?"

Les évaluations les plus folles de l'œuvre de Georges Simenon ont renforcé sa légende. Les spécialistes s'avouent incapables d'estimer exactement le nombre de romans qu'il a publiés sous pseudonyme entre 1924 et 1931. Ensuite, vinrent plusieurs dizaines de livres qu'il appelait les "romans de la destinée" et les cent trois enquêtes de Maigret, qui vont de *Train de nuit* (1930, sous le pseudonyme de Christian Brulls) à *Maigret et Monsieur Charles* (1972). Soit un total estimé à quatre cent trente et un livres en cinquante années d'écriture. Simenon fut l'homme de tous les records. Devenu une célébrité, il jurait avoir connu dix mille femmes. Amateur de putains rieuses, de bonnes rondelettes et de coups de fusil dans les chambres d'hôtels, il fut un don Juan impudique. "Nous faisions l'amour tous les jours, trois fois par jour, avant le petit déjeuner, après la sieste et avant de se coucher, racontera sa seconde épouse. Il était prolixe en tout : dans sa manière de parler, d'écrire, de publier, de faire l'amour..." A table, le romancier savait bien se tenir. Amateur de bistrots populaires et d'auberges de campagne, il n'a pas marié par hasard Maigret avec une excellente cuisinière. Lorsque le commissaire retrouve son appartement du 130, boulevard Richard-Lenoir à Paris, la marmite fume et la table est prête. Originaire d'une famille alsacienne, Louise régale son homme avec de la soupe aux tomates dans *Un crime en Hollande*, des quiches dans *Chez les Flamands*, du cassoulet dans *Maigret hésite* et des œufs au lait dans *Maigret et le corps sans tête*. Les dons de cuisinière de Louise sont probablement à l'origine de cette confidence de Simenon : "On m'a demandé un jour mon idéal amoureux. J'ai répondu : Mme Maigret !"

RIS DE VEAU A LA BELGE

Les ris sont une glande, placée dans la gorge près du cœur de l'animal et qui s'atrophie lorsqu'il devient adulte. Chaque ris présente une partie bien ronde, la noix, et une autre plus allongée. On prend en général la noix pour un plat principal, et la partie plus allongée pour une garniture, par exemple pour un vol-au-vent. Cette recette se réalise principalement entre mars et avril. C'est à cette époque que l'on arrache les jeunes pousses de houblon au moment de leur apparition. C'est un travail pénible qui s'effectue genou à terre, mais le goût délicat des pousses justifie l'investissement et leur prix élevé. Ce plat simenonien est à accompagner d'une gueuze ou d'un blanc d'Alsace ou de Moselle bien sec.

Pour 4 personnes
2 belles noix de ris de veau
Choisir des ris de veau bien blancs, sans trace de sang, et les dégorger à l'eau fraîche que l'on renouvellera plusieurs fois.
33 cl de bière belge avec une belle amertume, style Cantillon
20 g de farine
40 g de beurre
25 cl de crème fleurette
20 cl de lait
3 échalotes ciselées, 2 cuillères à soupe de ciboulette
150 g de choux de Bruxelles
50 g de pommes de terre épluchées
50 g de carottes
Pousses de houblon
50 g de langue écarlate taillés en fins lardons
50 g de lard gras taillés en fins lardons
100 g de carottes coupés en petits dés

Mettez les ris de veau dans une casserole recouverte d'eau salée et portez à ébullition 1 minute pour les blanchir. Lorsque cette opération est terminée, égouttez-les. Faites-les rafraîchir et parez-les en supprimant, à l'aide d'une pointe de couteau, toutes les parties cartilagineuses non comestibles, les veines noires, la graisse et la fine membrane qui les enveloppe. Enveloppez les ris dans un linge et laissez-les dans une assiette sous un poids.

Avant de les faire cuire, saupoudrez légèrement les ris de farine. Dans un sautoir faites rissoler les 2 noix de ris de veau avec le beurre, assaisonnez-les de bon goût et donnez-leur une belle coloration de chaque côté. Retirez les ris et égouttez-les. Faites rissoler le lard, puis la langue, ajoutez l'échalote, les carottes, assaisonnez de sel et poivre. Cette opération doit se réaliser à feu moyen, pour ne pas donner de coloration.

Déglacez avec la bière Cantillon, portez à ébullition et ajoutez la crème fleurette. Vérifiez l'assaisonnement et posez les ris de veau par-dessus la garniture et faites cuire à four doux (thermostat 4 à 5) pendant 10 minutes, couvrez d'une feuille d'aluminium (ou couvercle) avant de mettre en cuisson. Réservez.

Pendant la cuisson, préparez les légumes. Mettez les choux de Bruxelles avec les pommes de terre et les carottes dans une casserole d'eau légèrement salée. Laissez cuire 30 minutes, égouttez et écrasez le tout à l'aide d'une fourchette, ajoutez le beurre et le lait tiède. Vérifiez l'assaisonnement et conservez au chaud.

Faites cuire les pousses de houblon dans une eau bouillante salée, gardez-les légèrement croquantes. Réservez.

Disposez vos noix de ris de veau dans un plat, en mettant bien la garniture de braisage sur le dessus. Nappez de sauce, ajoutez la ciboulette et les pousses de houblon et servez accompagné de la purée "grand-mère" de choux de Bruxelles.

TARTE AUX MIRABELLES DE MME MAIGRET

La mirabelle est une variété de prunes de petite dimension, de couleur jaune d'or et d'odeur très pénétrante, avec une saveur sucrée. On l'emploie aussi pour faire des confitures ou de l'eau-de-vie. La mirabelle de Lorraine est la reine, la plus prisée, mais elle n'est disponible chaque année que quelques semaines entre août et septembre. A d'autres saisons de l'année, on peut remplacer les mirabelles par des abricots ou des cerises.

Pour 4 personnes
Pour la pâte
200 g de farine
1 œuf
100 g de sucre semoule

1 sachet de sucre vanillé
100 g de beurre

Pour la garniture
500 g de mirabelles bien mûres
3 œufs
120 g de sucre en poudre
50 g de poudre d'amandes
80 g de farine
1 pincée de cannelle
50 cl de lait

Pour le caramel
80 g de sucre
1 pincée de cannelle
10 g de beurre
20 g d'eau

Mettez la farine dans un saladier la farine. Faites un creux au centre et mélangez l'œuf battu, le sucre et le sachet de sucre vanillé. Mélangez à la fourchette. Ajoutez le beurre ramolli puis mélangez peu à peu la farine et travaillez rapidement à la main de façon à ce que toute la farine soit absorbée. Lissez la pâte avec la paume de la main, faites-en une boule et laissez reposer 2 heures au frais.

Pour la garniture, battez les œufs dans une casserole, avec le sucre, ajoutez la poudre d'amandes, une pincée de cannelle et la farine. Fouettez le tout. Faites bouillir le lait et versez-le bouillant dans cette casserole, en tournant vivement avec un fouet. Mettez à feu doux et faites cuire, en continuant de tourner, sans jamais faire bouillir, jusqu'à épaississement. Retirez du feu, débarrassez aussitôt dans un saladier ou autre récipient, sinon votre appareil continuerait de cuire, et réservez.

Etalez à présent votre pâte, disposez-la dans un moule à tarte (essayez d'avoir 1/2 cm d'épaisseur de pâte sur l'ensemble du moule). Laissez reposer au frais 10 à 15 minutes. Recouvrez votre fond de tarte d'une feuille d'aluminium et versez dedans des légumes sec style lentilles ou haricots (on trouve maintenant dans les magasins spécialisés des petits pois qui remplacent les légumes secs). Mettez votre fond de tarte à cuire dans un four moyen (thermostat 6) pendant 10 minutes. Retirez et réservez.

Lavez et séchez vos mirabelles, disposez-les bien serrées et surtout pas dénoyautées sur votre fond de tarte précuit et verser la crème refroidie. Laissez cuire à four thermostat 6 pendant 30 minutes. Lorsque les bords de pâte sont dorés, recouvrez d'une feuille d'aluminium et continuez la cuisson. Cela évitera qu'elle ne brûle.

Réalisation du caramel : Prenez une casserole en cuivre, c'est l'idéal, mettez-y le beurre, le sucre et l'eau. Réalisez un caramel d'une belle couleur mais pas brûlé (attention, cette opération est délicate, surtout ne laissez pas les enfants à proximité), poudrez d'une pincée de cannelle et versez sur une plaque ou un plat légèrement huilé. Laissez refroidir. Décollez le caramel, écrasez à l'aide d'un rouleau à pâtisserie, de façon à le cristalliser.

Lorsque votre tarte est encore tiède, saupoudrez de ces cristaux de caramel et laissez refroidir. A table, commissairc !

Chambre 11

FRANÇOISE SAGAN, L'AFFRANCHIE

Beignets de fleurs de courgettes de Saint-Tropez
Bourride des Mouscardins

Effrontément libre, prolixe et douée, Françoise Sagan (1935-2004) avait dix-huit ans lorsqu'elle a fait son entrée dans la carrière. Elle avait lu Rimbaud, Proust et Gide et pris son tour sans de poser de questions. Quatre-vingts pages dactylographiées en sept semaines et un titre qui claquait comme un manifeste : *Bonjour tristesse*. Dans la foulée, cette artiste dont le toupet de bourgeoise affranchie subjuguait les gazettes publia *Un certain sourire*, *Dans un mois dans un an*. La futilité de cette petite sorcière aux pieds nus apparut comme un défi à toutes les valeurs du siècle. A vingt-deux ans, Françoise Sagan était riche, traduite aux Etats-Unis, elle jouait ses droits d'auteur à la roulette, aimait le soleil de Saint-Tropez, les garçons, les bains de mer, les voitures de sport, la vitesse. En avril 1957, elle manquera de se tuer au volant de son Aston Martin.

Dans la France de René Coty, il y avait ceux qui louaient ses audaces et se délectaient d'un sel, un accent et d'une voix accordés à toutes les passions du siècle. Et ceux qui jugeaient que ses petits romans cousus de villas tristes, d'alcools forts, de répliques taillées à la serpe et de mornes coucheries, c'était toujours la même histoire, à savoir toujours la même absence d'histoire. Tandis que la IVe République agonisait, chacun fut sommé de choisir son camp.

Au cœur des débats, le style frivole et débraillé de Mlle Sagan, son aisance légère de première de la classe dissipant son talent. Arbitre des élégances littéraires de son temps, François Mauriac fit *pouf pouf* dans sa moustache avant de livrer son verdict, du haut de sa chaire de *L'Express*. "Ce qui rend un livre irremplaçable, c'est un certain ton, une certaine vibration, l'art de se faire entendre sans forcer la voix et même à voix basse. Il y a loin d'un style pauvre à cette phrase devenue presque transparente..." Derrière le cynisme enfantin, le vieux Mauriac avait su observer les mouvements d'une belle intelligence et entendre les signaux d'un navire en détresse.

Tandis que les prophètes de la croissance convertissaient des bataillons entiers de jeune gens au culte de la compétitivité, il n'était pas malheureux de découvrir un écrivain dont les livres opposaient en toutes circonstances la dépense intrépide au sordide profit. Car on pouvait bien comprendre, dès cette époque, que la digne oisiveté chère aux Anciens et aux personnages de Mlle Sagan allait être de plus en plus calomniée. L'heure était aux cadences infernales et au grand inventaire avant liquidation. Relire *Bonjour tristesse*, *Un certain sourire*, *Dans un mois dans un an*, c'est retarder l'heure du châtiment en faisant défiler les années 1950 en noir et blanc, avec la Sorbonne, les cafés, les éditoriaux anticolonialistes de *France-Observateur* sur le formica de la table de la cuisine, les revendications féministes placardées sur les murs, la rumeur des accords de Genève dans le transistor, la chute du gouvernement Mendès à la une de *France-Soir* et une agitation singulière à la Bourse et à la Chambre dont Cécile, Bernard, Anne, Philippe, Catherine, Alain et Nicole, les héros insouciants de Françoise Sagan, se moquent autant qu'il est possible.

BEIGNETS DE FLEURS DE COURGETTES DE SAINT-TROPEZ

C'est durant mon séjour à Saint-Tropez que j'ai découvert cette recette, facile à réaliser. Maintenant que je suis installé carrefour de l'Odéon à Paris, c'est mon ami Jean-Charles Orso, ancien joueur de rugby du RC Nice, champion de France avec le RC Toulon et international devenu maraîcher à Cannes-La Bocca, qui me fournit les fleurs de courgettes. Elles sont merveilleuses. Je sers ce plat de printemps en apéritif ou en entrée, avec une mayonnaise ou une sauce tartare, ou encore en garniture de poisson. Vous pouvez remplacer les fleurs de courgettes par d'autres légumes – une aubergine, une courgette ou un poivron – que vous aurez taillés en bâtonnets d'environ 7 cm de long avant de poursuivre la recette à l'identique.

Pour 4 personnes
36 fleurs de courgettes
1 l d'huile spéciale friture
Sel fin
Poivre du moulin

Pour la pâte à beignets salée
200 g de farine
37 g de levure de boulanger
33 cl de bière blonde
1 pincée de sel fin

Mélangez les ingrédients pour obtenir une pâte homogène et laissez-la reposer 10 minutes avant de l'utiliser.

Faites chauffer l'huile dans une friteuse à 160/170 °C.

Trempez chaque fleur de courgette dans la pâte à beignets ; puis plongez-les 5 par 5 dans l'huile chaude.

Lorsqu'elles sont bien dorées et croustillantes, retirez-les et égouttez-les sur un linge ou un papier absorbant.

Disposez-les dans un plat ; assaisonnez de sel et de poivre.

Servez ces fleurs de courgettes bien chaudes dans une petite corbeille garnie d'une serviette accompagnées d'une mayonnaise ou d'une sauce tartare présentée en saucière.

BOURRIDE DES MOUSCARDINS

Les Mouscardins, *c'est la première maison que j'ai connue, lorsque j'ai quitté mon pays, ma ville, ma famille et que je suis tombé dans ce monde à part qu'est Saint-Tropez. De ce temps, je garde dans ma mémoire un souvenir très particulier : celui de l'odeur de la bourride, qui marie le côté marin à l'onctuosité d'une émulsion d'huile d'olive aillée.*

Pour 8 personnes
1,5 kg de poissons de Méditerranée à chair blanche (vive, sar, merlan, pageot, loup, etc.)
Thym
Laurier
4 oignons blancs émincés très vivement
300 g de pommes de terre épluchées
2 gousses d'ail écrasées
8 jaunes d'œufs
20 cl d'huile d'olive
Sel, poivre, piments

Faites vider et écailler vos poissons par votre poissonnier en lui demandant de ne surtout pas couper la tête. Réservez. Dans une grande marmite, mettez une bonne cuillère à soupe d'huile d'olive, faites suer délicatement l'oignon sans le colorer.

Pendant ce temps-là, émincez les pommes de terre finement, de l'épaisseur d'une pièce de 1 euro, ajoutez aux oignons, disposez dessus tous les poissons, ajoutez 2 brins de thym, 1 feuille de laurier et 2 gousses d'ail écrasées. Mouillez à hauteur avec de l'eau, assaisonnez de sel, poivre et piments. Ajoutez 2 cuillères à soupe d'huile d'olive et faites cuire à feu très vif pendant 15 minutes.

En attendant, mettez vos jaunes d'œufs dans un saladier, montez-les avec l'huile d'olive (20 cl) comme une mayonnaise. Egouttez délicatement tous vos poissons ainsi que la garniture (oignons et pommes de terre) dans un plat de service creux, couvrez d'une feuille d'aluminium et réservez au chaud. Versez le bouillon de cuisson délicatement et petit à petit sur le mélange œuf-huile d'olive. Versez ce mélange dans une casserole, remettez sur un feu vif en ne cessant pas de mélanger fortement (à l'aide d'un fouet). Arrêtez juste avant l'ébullition, vérifiez l'assaisonnement et versez sur les poissons dans votre plat de service.

Servez ainsi, vous vous sentirez immédiatement transportés sur la tour du Pourtalet, au bout du port de Saint-Tropez.

Salut à M. Lions, qui fut mon chef aux *Mouscardins*.

Chambre 12

FRANCIS JAMMES, LE FAUNE

Saumon sauvage du gave de Navarrenx, sauce béarnaise – Confiture vieux garçon

Saucissonneur du Vendredi saint et croqueur de ratichons, rarement surpris en flagrant délit de bigoterie, Georges Brassens a mis en musique et chanté un *Ave*, celui de Francis Jammes (1868-1938) : “Par le petit garçon qui meurt près de sa mère / Tandis que les enfants s’amusent au parterre ; / Et par l’oiseau blessé qui ne sait pas comment / Son aile tout à coup s’ensanglante et descend, / Par la soif et la faim et le délire ardent : / Je vous salue, Marie.”

Ainsi s’obstine l’attachante mémoire du Virgile béarnais, chantre des roses blanches, du ruisseau frais, des noisetiers en fleur, des montagnes bleues et des jeunes filles au rire clair. Natif de Tournay, un petit village de la verte Bigorre, collégien à Saint-Palais puis à Bordeaux, Francis Jammes avait vingt ans lorsqu'il s'établit à Orthez, ancienne capitale du Béarn d'or et de gueules, posée sur la rive droite du gave de Pau. On imagine la vie simple et champêtre du poète dans cette petite ville de cinq mille habitants, avec sa gare, son église du XVe siècle, son avenue bordée d'ormes, son fronton, ses arènes de course landaise et sa tour sur le vieux rempart, au pied de laquelle on vient admirer la chaîne des Pyrénées. Caché derrière une longue barbe noire, un béret béarnais vissé sur la tête, Francis Jammes a vécu trois décennies à Orthez, où Paul Claudel, Colette et tant d'autres sont venus lui rendre visite. Il n'a quitté sa chère ville qu'à la toute fin de sa vie, pour s'établir avec son épouse et ses sept enfants à Hasparren. Mais du *Deuil des primevères* aux *Clairières dans le ciel*, en passant par *La Jeune Fille nue* et *Le Roman du lièvre*, c'est à Orthez qu'il a composé la plus grande partie de son œuvre, loin des disputes d'écoles et des querelles de clochers qui agitaient la république des Lettres. "Je suis dans un pré où coule l'eau froide dans l'herbe, / le long des cerisiers, sur des joncs, des cailloux." Rustique à ses débuts, mystique après son retour à la foi de son enfance au milieu du chemin de sa vie, la poésie de Francis Jammes s'élucide en vers libres, loin des conventions étroites d'un Parnasse exténué. "Qu'est-ce que le bonheur ? Peut-être un vallon bleu / dans lequel j'ai chassé, voici trente ans, le lièvre. / Que m'importent l'échelle d'or, les rouges lèvres ? / Tout est vain qui n'a pas le grand calme de Dieu."

Ce qu'il y a de plus précieux, chez Francis Jammes, c'est sa délicate manière de recueillir l'héritage de Rutebeuf, Villon et Ronsard, et de prendre leur suite pour composer une poésie des sentiments retenus et des enchantements perdus. Tempéré par l'émiettement des sensations, le lyrisme de ce faune chrétien touche d'autant mieux au sublime. "C'était de ces maisons où il y avait table ouverte. / On y mangeait beaucoup de plats et on riait. / Par la fenêtre on voyait la pelouse verte / et la vitre, quand le soleil baissait, brillait."

Tristan Derème à Saint-Pée-sur-Nivelle, Jules Supervielle à Oloron-Sainte-Marie, Paul-Jean Toulet à Pau, Isidore Ducasse et Jules Laforgue à Tarbes, Francis Jammes à Orthez... "Azur, aérien décor", la montagne Pyrénée a bien mérité de la poésie française.

SAUMON SAUVAGE DU GAVE DE NAVARRENX, SAUCE BÉARNAISE

Il faut savoir que Navarrenx est la capitale de la pêche au saumon en France. Chaque année, il s'y déroule le championnat du monde de pêche au saumon. Un lieu exceptionnel : l'échelle du Pool-Masseys.

Pour 4 personnes
4 darnes de saumon de 250 g
Beurre
Sel, poivre blanc du moulin
Farine
Huile d'arachide

Pour la sauce béarnaise
1 dl de vinaigre d'alcool
1 dl de vin blanc sec
5 g de poivre blanc en grains
100 g d'échalotes
2 cuillères à soupe d'estragon haché
400 g de beurre
6 jaunes d'œufs
1 cuillère à soupe d'estragon haché
1 cuillère à café de cerfeuil haché
Sel, piment

Commencez par préparer la sauce béarnaise. Une sauce de légende, réalisée pour la première fois au *Pavillon Henri-IV* à Saint-Germain-en-Laye par Collinet, le complice d'Alexandre Dumas dont une des précédentes affaires s'appelait *Le Grand Béarnais*.

Mettez le beurre dans un petit bain-marie. Laissez fondre doucement sans y toucher, sur le coin du feu ou sur une plaque. Décantez le beurre lorsqu'il est clarifié, c'est-à-dire retirez délicatement le beurre sans la crème ni le petit lait.

Epluchez et lavez les échalotes, taillez-les finement. Lavez et hachez l'estragon. Concassez le poivre en grains, façon mignonnette. Prenez un torchon, mettez-y le poivre et, à l'aide d'un rouleau à pâtisserie, écrasez généreusement. Vous obtiendrez de la mignonnette. Réunissez dans une casserole les échalotes, l'estragon, le poivre, le vinaigre et le vin blanc. Mettez sur le feu, portez à ébullition et laissez réduire totalement.

Ajoutez à ce moment-là 1 dl d'eau et recommencez l'opération mais faites réduire des trois quarts et laissez refroidir hors du feu.

Mettez dans un saladier les 6 jaunes, ajoutez 3 cuillères à soupe d'eau, mélangez et versez dans la réduction refroidie. Mélangez énergiquement à l'aide d'un petit fouet en soumettant les œufs à une chaleur progressive et lente. La cuisson doit se faire à une température voisine de 65 à 70 °C. D'un bout à l'autre de l'opération, la paume de la main doit supporter le contact chaud de la sauteuse. Retirez le récipient du feu lorsque cette émulsion atteint la consistance d'une crème, chaque mouvement du fouet laissant apparaître le fond du récipient. En cours de cuisson, si les jaunes sont trop épais, ajoutez quelques petites gouttes d'eau.

Incorporez alors petit à petit hors du feu le beurre clarifié en mélangeant régulièrement avec un fouet. Il faut réaliser cette opération avec soin. Assaisonnez de sel fin et d'une pointe de piment. Si vous le voulez, vous pouvez passer votre sauce au chinois étamine ou à la passoire à lait, mais c'est facultatif.

Ajoutez maintenant l'estragon et le cerfeuil haché. Réservez à température ambiante, pas trop chaud, avec une assiette retournée dessus pour maintenir la température. Au moment de l'utilisation, si la sauce est "tournée", reprenez l'émulsion à l'aide d'un petit fouet en versant sur la sauce un peu d'eau chaude si la sauce est trop froide, ou d'eau froide si la sauce est trop chaude.

Pour la cuisson des darnes de saumon, étalez les poissons dans un plat ou sur une plaque afin de les saler et de les poivrer plus facilement. Passez les darnes dans la farine puis secouez-les légèrement pour enlever l'excès de farine.

Mettez à chauffer dans une poêle 2 cuillères à soupe d'huile d'arachide et 40 g de beurre. Posez délicatement chaque darne dans la poêle. Laissez cuire doucement 2 minutes.

Vérifiez si le premier côté est bien doré. Retournez délicatement sur l'autre face à l'aide d'une spatule et laissez cuire 1 minute. Les dorures doivent rester bien rosées à cœur, arrosez d'un petit jus de citron et dressez sur un plat de service.

Servez accompagné de la sauce béarnaise et de quelques pommes vapeur. Et transportez-vous dans le gave de Navarrenx.

CONFITURE VIEUX GARÇON

Pour toutes saisons. Il n'est rien de plus facile que de réaliser ses propres confitures, à la saison des fruits choisis. C'est un bonheur familial de partager ce moment dans la cuisine. Le rayon confitures de votre hypermarché n'apportera jamais autant de plaisir et de souvenirs.

Pour l'amitié
500 g de prunes bien mûres
500 g d'abricots bien mûrs
500 g de pommes acides
750 g de sucre
20 cl d'armagnac

Epluchez les pommes, essuyez bien les autres fruits. Coupez-les en deux ou en quatre et enlevez bien les parties véreuses, le noyau et les pépins. Mettez-les dans une terrine en alternant couches de fruits et couches de sucre. Couvrez la terrine et laissez macérer pendant une nuit. Le lendemain, mettez le tout dans une casserole sur le feu, l'idéal est la bassine en cuivre, appelée confiturier. Quand l'ébullition commence, entretenez-la mais sur un feu pas trop vif.

Ecumez et remuez pour que la confiture n'attache pas au fond. La cuisson doit durer d'ordinaire environ 1/2 heure à 1 heure. Versez à ce moment-là l'armagnac. Portez à ébullition et débarrassez dans un bocal en verre ou pot de grès.

Conservez cette confiture au réfrigérateur. Vous êtes paré pour l'hiver. Vous pouvez bien sûr changer de fruit selon la saison.

Chambre 14

ANTOINE BLONDIN, L'ÉCORCHÉ

Paupiettes de veau façon Gabriel Fouquet
Paris-Brest-Paris

Longtemps déjà qu'Antoine s'en est allé, fantôme titubant nimbé de cette légende verlainienne qui lui faisait tant de mal. La vie était devenue trop difficile, sous le second septennat de François Mitterrand. Les débits de boissons fermaient de plus en plus tôt, rue du Bac, et *L'Equipe* sans écrivains était un journal triste. Dans l'Orient compliqué, l'aviation américaine incendiait la patrie de Shéhérazade à coups de missiles thermoguidés, et à Paris il se publiait des romans pleins d'idées. L'heure du repli avait sonné.

Avec lui, Antoine Blondin (1922-1991) emportait le souvenir d'un joli printemps de la vie à Saint-Germain-des-Prés, lorsqu'il incarnait le meilleur de l'esprit hussard au cœur des années 1950 avec son copain Roger Nimier : une certaine désinvolture sous la censure, une guérilla joyeuse contre les Longues Figures de l'existentialisme, une manière française d'envisager le style en littérature, en sport et en amitié… C'était l'heure de cuites magnifiques à la Rhumerie martiniquaise. Mais Blondin, c'est beaucoup plus que les cuites, beaucoup plus qu'une panoplie littéraire muséifiée par des épigones stériles. C'est beaucoup plus que le Tour de France, les Jeux olympiques, le Tournoi des Cinq Nations, les corridas nocturnes avec les copains boulevard Saint-Germain et toute cette "littérature dilapidée dans le journalisme". Blondin, c'est une petite musique de cloche fêlée accordée à une joie enfantine de subversion de l'ordre établi. Blondin, c'est le doute, la fragilité, l'ironie. C'est aussi, et surtout, le sentiment d'être venu dans le monde après l'heure du couvre-feu : "J'écris trop classique pour mon temps." Il faut découvrir *L'Europe buissonnière*, *Les Enfants du Bon Dieu*, *L'Humeur vagabonde* et *Monsieur Jadis* pour y apprendre des choses très secrètes : le génie de l'allégresse, la technique de l'éclipse, l'ivresse envisagée comme un refus poli mais ferme des citations à comparaître envoyées par la réalité.

A travers ses romans tous plus ou moins autobiographiques, tous traversés de tristesse et de poésie, Antoine Blondin a voulu réinventer le royaume enchanté de l'enfance, à chaque instant et pour l'éternité – salut à toi, Guy Boniface ! Des histoires qui ne finissent pas toujours très bien, mais qui sont éclairées par de purs moments de grâce. Ainsi ces pages consacrées à la préparation des paupiettes de veau, au chapitre IV d'*Un singe en hiver*... “Fouquet, devant la grande table de bois tailladée par le coutelas de la cuisinière, patinée par les sauces et les jus, s'appliquait à dénoyauter les olives. Autour de lui, sur de nombreuses assiettes ou plats, s'étalaient diverses denrées entre lesquelles il distinguait ses bases et ses ingrédients.”

Dans ce rare développement gastronomique de l'œuvre d'Antoine Blondin, il faut voir le souvenir des journées de bonheur braconnées chez Kléber et Caroline Haedens, à Castanet-Tolosan, à une quinzaine de kilomètres de Toulouse, où le romancier faisait étape chaque année pendant le Tour de France. Il fut un temps, rapporte Denis Lalanne, où Antoine ne laissait qu'à lui-même le soin de faire le marché et de préparer la cuisine. Par la grâce d'une recette inspirée par un souvenir d'*Un singe en hiver*, transportons-nous au temps où le drapeau noir des copains d'abord flottait sur la marmite.

PAUPIETTES DE VEAU FAÇON GABRIEL FOUQUET

Indépendamment de leur usage en tant que mets à part entière, les paupiettes de veau, également appelées alouettes sans tête, peuvent servir d'élément de garniture. Lorsqu'elles sont destinées à cet usage, on en diminue la grosseur de moitié, ou même des deux tiers.

Pour 4 personnes
Pour les paupiettes
4 escalopes de noix de veau fermier de 150 g chacune
4 fines tranches de jambon de Paris ou à l'os
2 cuillères à soupe de cerfeuil, estragon et ciboulette hachés
4 bandes de barde (lard)
4 beaux champignons de Paris lavés et coupés grossièrement
Thym frais, noix muscade
320 g de chair à saucisse
1 tranche de pain de campagne rassis
5 cl de lait, sel, poivre
1 carotte et 1 d'oignon coupé en petits cubes

Pour la cuisson
1 carotte coupée en rondelles
1 oignon émincé
1 bouquet garni
1 cuillère à café de tomates concentrées
1 belle tomate bien mûre hachée
20 cl de vin blanc sec
Huile d'arachide
2 cuillères à soupe de farine

Aplatissez fortement les escalopes de veau, que vous aurez fait tailler plutôt longues. Assaisonnez-les de sel et poivre et saupoudrez-les avec les herbes hachées. Puis mettez sur chaque escalope une tranche de jambon.

Réservez au frais.

Mettez le pain à tremper dans le lait.

Dans une casserole faites suer avec une noix de beurre l'oignon et la carotte, pour leur donner une légère coloration. Ajoutez les champignons et parsemez de quelques brindilles de thym. Assaisonnez de bon goût. Ajoutez à ce moment-là le pain de campagne humidifié avec le lait. Mélangez bien et versez dans un saladier. Ajoutez alors la chair à saucisse. Vérifiez l'assaisonnement et ajoutez une pointe de noix muscade.

Prenez les escalopes, disposez sur chacune la farce puis roulez en forme de bouchon, enroulez chaque paupiette d'une bande de barde de lard qui les gardera bien moelleuses pendant la cuisson et liez le tout à l'aide de quelques tours de ficelle de cuisine. Réservez au frais.

Sur une une plaque ou dans sauteuse qui puisse aller au four et soit de dimension à pouvoir recevoir les 4 paupiettes assez serrées, mettez à chauffer 2 cuillères à soupe d'huile d'arachide puis faites suer la carotte et l'oignon pour leur donner une légère coloration. Ajoutez à ce moment-là les paupiettes et colorez-les légèrement en les passant 2 à 3 minutes dans un four chaud. Saupoudrez ensuite avec la farine et mettez à nouveau au four 3 minutes.

Sortez du four en y ajoutant le bouquet garni, la tomate et la tomate concentrée. Mouillez avec le vin blanc, ajoutez de l'eau de façon à ce que les paupiettes soient juste recouvertes.

Vérifiez l'assaisonnement, couvrez d'une feuille d'aluminium et passez au four thermostat 4 à 5 pendant 50 minutes. L'ébullition ne doit surtout pas être forte.

Retirez les paupiettes du four, laissez-les reposer ainsi 30 minutes à température ambiante. Sortez délicatement les paupiettes de leur jus de cuisson, ôtez-leur la ficelle de cuisine, réchauffez très délicatement et servez-les ainsi accompagnées d'un riz au lait pilaf, de pommes vapeur et d'un joli vin de pays.

PARIS-BREST-PARIS

C'est chez mon ami Thierry Breton, chef du restaurant Chez Michel, *que j'ai mangé le meilleur Paris-Brest-Paris. Et, chose incroyable, Thierry, ce cuisinier aux jambes d'acier et au cœur d'or, court cette course mythique qu'est le Paris-Brest-Paris. Dans sa gourde, il ne met que du jus d'orange. C'est un vrai champion.*

Pour 8 personnes
Pour la pâte à choux
60 g de beurre
125 g de farine
4 œufs
1/4 l d'eau
1 pincée de sel fin
100 g d'amandes effilées

Pour la crème pâtissière
3/4 l de lait
5 jaunes d'œufs
150 g de sucre semoule
75 g de farine
200 g de pralin
100 g de beurre
Sucre glace
1 œuf pour la dorure

Confection de la pâte à choux. Mettez dans une casserole l'eau, le beurre, qui doit être fondu, le sel fin, et faites bouillir. Ajoutez la farine en une seule fois. Travaillez ce mélange rigoureusement, avec une spatule en bois, sur le feu. En remuant, continuez à travailler la pâte de façon à ce qu'elle sèche. Elle est prête lorsqu'elle se détache du récipient et forme une boule bien homogène. Retirez alors le récipient du feu.

Ajoutez hors du feu les œufs un à un en prenant soin qu'ils soient entièrement absorbés par votre pâte. Au terme de ce travail, la pâte devient collante. Débarrassez-la dans un récipient inoxydable et recouvrez d'un papier film. Conservez au frais.

Confectionnez la crème pâtissière, en mettant dans une casserole le lait que vous ferez bouillir. Réunissez dans une terrine les jaunes d'œufs et le sucre. Mélangez énergiquement, ajoutez la farine. Votre mélange doit blanchir. Versez le lait bouillant petit à petit, remettez dans une casserole et faites bouillir, sans cesser de mélanger avec un fouet. Lorsque la première ébullition se produit, débarrassez dans un saladier, couvrez d'une feuille de papier film.

Réservez au frais.

Mettez la pâte à choux dans une poche à décorer, munie d'une douille unie. Réalisez sur une plaque antiadhésive une couronne de 15 cm de diamètre et de 3 à 4 cm d'épaisseur.

Prenez 1 œuf, cassez-le et battez-le avec 1 cuillère à café d'eau. A l'aide d'un pinceau, passez cette dorure sur la surface supérieure de la pâte à choux. Saupoudrez d'amandes effilées.

Mettez à cuire dans un four chaud (200 °C environ, thermostat 6-7) pendant 20 à 25 minutes. Laissez refroidir à température ambiante, sans passer vos choux au réfrigérateur.

Mettez dans un batteur le beurre ramolli, lissez-le bien et ajoutez le pralin. Laissez tourner ainsi pendant 3 à 4 minutes et ajoutez à ce moment-là la crème pâtissière bien froide.

Laissez à nouveau tourner 5 bonnes minutes et débarrassez dans un saladier que vous aurez recouvert d'une feuille de film et conservez ainsi 2 heures au frais. Mettez à ce moment-là votre crème dans une poche à décor munie d'une douille cannelée.

Fendez votre couronne de pâte à choux transversalement et garnissez-la ensuite intérieurement de crème pralinée.

Remettez le "chapeau" de la couronne sur la crème, saupoudrez légèrement de sucre glace.

Servez ainsi.

Chambre 20

ARTHUR RIMBAUD, LE VOYANT

Estouffade de sanglier des Ardennes

De tous, il est le plus absolument poète. Rompant les amarres entre le monde et les mots, il a traversé les royaumes du sommeil et de l'oubli, semant ses poursuivants en abandonnant derrière lui des signes sans piste – "A noir, E blanc, I rouge, U vert, O bleu : voyelles" – et un défi crâneur au sens commun – "Je est un autre." Avec lui, l'impatience a cessé d'être un péché pour devenir la quête effrénée d'une autre modalité du dire. "J'écrivais des silences, des nuits, je notais l'inexprimable. Je fixais des vertiges." Le poème a fini d'être un miroir pour devenir une fenêtre. "J'ai vu des archipels sidéraux ! et des îles / dont les cieux délirants sont ouverts au vogueur." Dans *Le Bateau ivre*, il nous donne son art poétique et son *veni, vidi, vici* : "J'ai vu, j'ai rêvé, j'ai suivi." Mais qui l'entend ? Les raconteurs d'Arthur Rimbaud (1854-1891) ont laissé la vie effacer l'œuvre. Du poète, ils ont fait un jeune voyou, un communard enragé et un hippie avant l'heure bouclant en quelques semaines *Illuminations* avant de renoncer à la poésie, un "homme aux semelles de vent" devenu trafiquant d'armes et marchand d'esclaves en Arabie, pour finir un estropié mort éreinté à l'âge de trente-sept ans. De Charleville à Marseille, en passant par Paris, Charleroi, Bruxelles, Londres, Stuttgart, Vienne, Batavia, Rome, Alexandrie, Chypre, Suez, Gibraltar, les Açores, Aden et Harar, qui osera jamais refaire la route après lui ? Même réduit à des anecdotes, Arthurd Rimbaud reste absolument poète. Même après avoir laissé derrière lui "sa belle gloire d'artiste et de conteur", il a continué à transformer chaque parole en jeu de mots – "Je finis par trouver sacré le désordre de mon esprit." Génie précoce trahissant des signes d'élection, aventurier ayant le don des langues pour seul passeport, l'enfant de Charleville est un génie-mère venu dans le monde comme Homère, Dante et Shakespeare avant lui : pour enfanter. Il a tiré de son imagination un monde nouveau où le signe précède sa signification, où la voix prend l'avantage sur les images, où la vérité dans une âme et dans un corps abolit toutes les insuffisances de la vie. Si le poète et graveur anglais William Blake fut "l'espion de Dieu", Arthur Rimbaud fut son rival. Provocateur et tourmenteur, il injurie la Beauté et crie "Je est un autre" pour abolir le "Je suis celui qui suis" du Seigneur. Crucifié par la violence du monde, il descend aux Enfers et ressuscite, puis promet aux hommes de hâter l'avènement du Royaume. A vingt-cinq ans, ce génie sait qu'il a joué et perdu. Il a vu, il a rêvé, il a suivi. Certaines nuits, il lui est arrivé de forcer le passage du visible vers l'invisible au bout de fleuves impassibles. Mais ce fut douloureux. De cette quête d'un passage du Nord-Ouest qui ne figure sur aucune carte, Arthur Rimbaud a rapporté le chef-d'œuvre le plus dense de la littérature universelle : *Une saison en enfer.* Qui osera jamais refaire la route après lui ?

ESTOUFFADE DE SANGLIER DES ARDENNES

Quand le sanglier a dépassé l'âge où il est appelé marcassin, il est très peu utilisé pour la cuisine, sauf les cuissots. Ceux-ci doivent être soumis à l'action d'une forte marinade. Le jeune sanglier, ou marcassin, âgé de dix ou douze mois au maximum, est par contre très apprécié.

Pour 4 personnes
800 g de morceaux de cuissot de marcassin
250 g de lard de cochon

3 oignons émincés
200 g de jambon des Ardennes ou de Bayonne
1 gousse d'ail hachée
1 bouquet garni
5 grains de genièvre
Sel, poivre
Farine
Huile d'arachide
1,5 l d'un bon vin rouge assez tonique
1 cuillère à soupe de tomates concentrées
300 g de champignons de Paris lavés et coupés en quatre
500 g de marrons épluchés, en bocal ou congelés.

La veille, mettez dans un grand saladier ou une bassine les morceaux de viande et ajoutez les oignons, l'ail, le bouquet garni, le genièvre, le sel et le poivre. Recouvrez avec le vin rouge.

Laissez mariner ainsi pendant 24 heures dans un endroit sec, mais surtout pas au réfrigérateur.

Le jour de la préparation, égouttez soigneusement les morceaux de viande ainsi que la garniture. Séparez-les bien, réservez. Passez le vin rouge au chinois ou à la passoire à lait. Mettez ce que vous récupérez dans la passoire avec les légumes. Mettez le vin à bouillir, écumez et flambez pour retirer l'amertume. Réservez.

Dans une grande marmite, mettez 2 à 3 cuillères d'huile d'arachide. Lorsqu'elle est chaude, faites revenir vivement vos morceaux de viande. Il faut les caraméliser fortement. Veillez à bien les assaisonner. Ne pas en mettre trop à la fois, une seule épaisseur suffit. Egouttez dans une passoire vos morceaux de marcassin. Dans la même marmite que vous n'aurez pas lavée, faites suer votre garniture 2 à 3 minutes, ajoutez la viande revenue et saupoudrez de 3 cuillères à soupe de farine.

Laissez cuire en remuant constamment pendant 2 à 3 minutes. Versez à ce moment-là le vin rouge, ajoutez la cuillère de tomates concentrées et ajoutez si besoin de l'eau, de façon à ce que les morceaux de viande soient totalement recouverts.

Portez à ébullition, vérifiez l'assaisonnement, couvrez et faites cuire dans un four tiède thermostat 4 à 5 pendant 2 h 30. Il faut constamment vérifier qu'il y ait du liquide sur la viande, sinon n'hésitez pas à en ajouter. Taillez le lard et le jambon en lardons, mettez-les dans une sauteuse à suer sans trop donner de coloration, ajoutez les champignons et les marrons.

Faites suer 1 à 2 minutes, égouttez et réservez.

Lorsque votre viande est cuite, vous devez pouvoir la piquer à l'aide d'une fourchette et ne plus sentir qu'une légère résistance. Egouttez alors la viande dans une passoire, couvrez d'un linge ou d'un papier film, sinon la viande risque de sécher. Filtrez le jus de cuisson. Mettez-la dans un saladier, laissez reposer 20 minutes de façon à ce que la graisse remonte à la surface. Dégraissez soigneusement. Dans une grande marmite propre, mettez la viande, ajoutez les champignons, les marrons, le lard et le jambon.

Versez le fond de cuisson dégraissé sur la viande et laissez mijoter à feu très doux pendant 30 minutes en ne faisant jamais bouillir la préparation, comme d'habitude. Vérifiez l'assaisonnement.

Servez ainsi.

N. B. Il est conseillé de débarrasser votre estouffade dans un bac et de la mettre au réfrigérateur pendant 24 heures, les saveurs se développeront et elle n'en sera que meilleure. Accompagnez cette estouffade de tagliatelles, ça sera excellent !

Chambre 21

JAMES JOYCE, L'EXILÉ

Rognons de mouton à la Léopold Bloom
Cake irlandais

La révolution romanesque du XXe siècle, c'est l'extraordinaire promenade imaginaire de Léopold Bloom dans les pas d'Ulysse et de ses compagnons, le jeudi 16 juin 1904 à Dublin. Avec *Ulysse*, James Joyce (1882-1941) a donné à ses contemporains ébahis un livre total, tout à la fois roman, chronique, poème, traité, satire, élégie, pastiche, opéra, symphonie, où l'on voit un homme aller de rencontres en rencontres pour retrouver sa femme et se réconcilier avec la beauté du monde. Au fil des dix-huit chapitres, les lecteurs d'Homère découvrent une singulière galerie de créatures contemporaines qui évoquent tour à tour Télémaque, Protée, Calypso, les Lotophages, les Sirènes, les Cyclopes et Pénélope.

En imposant un usage nouveau du monologue intérieur, en dynamitant à la fois les codes narratifs et les conventions sociales, cette odyssée rêvée a fait trembler le paysage. Composé entre 1914 et 1921 à Trieste, Zurich et Paris, où l'écrivain irlandais s'était exilé pour échapper par ruse et silence au cauchemar de l'Histoire, *Ulysse* a eu du mal à trouver un éditeur. Refusé par Gallimard, il été publié en février 1922 par l'Américaine Sylvia Beach, libraire bibliothécaire à l'enseigne de *Shakespeare and Company*, 12, rue de l'Odéon à Paris. Due à Auguste Morel, revue par Valery Larbaud et James Joyce, la première traduction française a paru quelques années plus tard au 7, rue de l'Odéon, où Adrienne Monnier animait *La Maison des Amis des Livres.* Saisi par les douanes et brûlé par les Postes à New York, diffusé clandestinement aux Etats-Unis, *Ulysse* trouva ainsi refuge en “Odéonie”, la république littéraire sans frontières sur laquelle Sylvia Beach et Adrienne Monnier ont veillé jusqu'à la Seconde Guerre mondiale.

A la lecture du grand œuvre joycien, on a non seulement évoqué Homère, mais également les Prophètes, Juvénal, Dante, Rabelais, Shakespeare et Dostoïevski. *Ulysse* est un entonnoir et James Joyce l'héritier de tous ces devanciers. Enfant de Rabelais, il l'est par son refus de séparer le cœur et la tripe. Le principe gras n'est jamais absent des aventures de Léopold Bloom et les mots du manger, du digérer, du chier, du baiser et du boire se bousculent en permanence dans sa conscience. Ainsi à son réveil, lorsqu'il rêve de rognons de mouton : "Léopold Bloom se nourrissait avec délectation des organes internes des mammifères et des oiseaux. Il aimait une épaisse soupe d'abatis, les gésiers au goût de noisette, un cœur rôti avec sa farce, des tranches de foie frites dans la chapelure, des œufs de morue rissolés. Par-dessus tout, il aimait les rognons de mouton au gril qui flattaient ses papilles gustatives d'une belle saveur au léger parfum d'urine..." Au chapitre VIII, chez les Lestrygons, Bloom-Ulysse a le sentiment d'être la proie de cannibales. Il est l'heure, pourtant. "Faut manger", monologue Bloom. Quittant le restaurant *Burton*, il trouve asile au *David Byrne's Pub*, sur Duke Street, où on lui sert un improbable sandwich au gorgonzola accompagné d'un verre de bourgogne. "Me sens mieux. Bourgogne. Ça vous retape. Qui le premier a distillé ? Un bougre qui avait le cafard."

ROGNONS DE MOUTON A LA LÉOPOLD BLOOM

Les rognons de mouton ont un goût fort et prononcé. Un vrai régal d'Irlandais ! Les âmes délicates peuvent très bien les remplacer par des rognons d'agneau. L'idéal est de prendre des rognons de moutons élevés en bord de mer, en Normandie ou dans la baie du Mont-Saint-Michel, sur des pâturages salés par les embruns. Ils ont un goût délicieux.

Pour 4 personnes
16 rognons de mouton
200 g de pain complet bien sec
3 œufs
Farine, sel et poivre
Huile d'arachide, beurre

Pour la sauce
20 cl de vin blanc sec
2 cuillères à café d'herbes hachées (thym, persil plat, romarin, ciboulette)
1 gousse d'ail hachée
2 cuillerées à soupe de crème fraîche épaisse
2 cuillerées à soupe de moutarde forte de Dijon

Coupez le pain complet en morceaux et mettez dans un four thermostat 4 ou 5 jusqu'à ce qu'il soit bien croustillant et bien dur. Puis mettez-le dans un mixeur de façon à obtenir de la chapelure.

Réservez.

Prenez les rognons, enlevez la fine pellicule et ouvrez-les en deux par le côté bombé, sans les séparer complètement.

Assaisonnez-les de sel et poivre, et passez dans la farine, puis dans les œufs battus et, en dernier lieu, dans la chapelure.

Prenez une sauteuse, faites-y revenir les rognons avec un peu d'huile d'arachide et du beurre, donnez-leur une belle coloration.

Cette opération doit se réaliser assez rapidement de façon à conserver les rognons bien rosés.

Retirez vos rognons et réservez.

Dans la casserole de cuisson des rognons, versez le vin blanc, ajoutez l'ail et les herbes, et laissez réduire des deux tiers à petit feu.

Ajoutez la crème épaisse et la moutarde.

Portez à ébullition, vérifiez l'assaisonnement, laissez réduire quelques instants.

Servez les rognons sur un plat, sur une serviette blanche si vous le voulez, et préparez une saucière à part.

Accompagnez vos rognons d'un légume braisé, par exemple une endive du Nord, si c'est la saison.

CAKE IRLANDAIS

Le barm brack *est certainement la plus irlandaise de toutes les pâtisseries. Il est confectionné pour toutes les fêtes. Je dois cette recette à la maman de mon ami Bertrand Bluy, qui la tenait elle-même d'un soldat irlandais venu en France pendant la guerre.*

Pour des gourmands
500 g de farine
1 pincée de sel
50 g de beurre
175 g de raisins secs trempés pendant 30 minutes dans du thé froid

50 g de fruits confits
50 g + 2 cuillères à soupe de sucre semoule
20 g de levure de boulanger
300 ml d'eau tiède
2 œufs battus
5 cl d'alcool

Malaxez la farine, le sel et le beurre de façon à en faire une masse sablonneuse, puis incorporez les raisins bien trempés et égouttés, les fruits confits et le sucre. Mélangez bien.

Faites dissoudre la levure de boulanger dans de l'eau tiède.

Faites un puits au milieu du mélange farine et fruits, mettez-y les œufs battus et la levure.

Malaxez bien le tout pendant une dizaine de minutes pour obtenir une pâte que vous pétrirez ensuite sur une table.

Formez une boule et saupoudrez de farine.

Laissez lever dans un endroit chaud jusqu'à ce que le volume ait doublé. Divisez ensuite la pâte en deux et pétrissez chaque moitié quelques instants avant d'en faire deux ronds de 20 cm de diamètre. Déposez sur une plaque à pâtisserie bien beurrée allant au four, puis laissez encore lever 60 minutes dans un endroit chaud.

Préchauffez le four à 200 °C (thermostat 6 ou 7) et faites cuire 30 minutes. Laissez se dissoudre deux cuillerées à soupe de sucre dans un peu d'eau (2 cl) avec 5 cl d'alcool, style rhum, cognac ou whiskey. Enduisez vos cakes de cette solution dès leur sortie du four. Laissez refroidir et consommez sans modération.

Chambre 22

ERNEST HEMINGWAY, L'AVENTURIER

Club sandwich César Ritz
Côtes de taureau de combat à l'espagnole

Milan, Odéon, Madrid, Key West, le Kilimandjaro, Cuba, Venise : les lieux qu'a choisis Ernest Hemingway (1899-1961) pour bricoler sa légende nous sont familiers. Comme si nous les avions visités avec lui. C'est le grand art de l'écrivain qui a révolutionné le roman américain avec un lyrisme âpre et dur. L'auteur du *Vieil homme et la mer* a le don d'empoigner son lecteur et de l'emmener chasser le rhinocéros en Afrique australe, pêcher au gros dans les Caraïbes, toréer dans les arènes d'Aranjuez, faire le coup de feu à Barcelone, traverser l'Atlantique sur un paquebot de la Compagnie générale transatlantique, libérer le *Ritz* et mourir à Venise aux côtés du colonel Cantwell, héros bouleversant de *Sous le soleil et sous les arbres.* Ce réalisme faisait partie de son esthétique. “Les bons livres ont quelque chose en commun, assurait-il. Quand on en lit un, on a l’impression que tout ce qu’il raconte est arrivé, que ça vous est arrivé à vous et que c’est quelque chose qui fait partie de vous à jamais : le bonheur et le malheur, le bien et le mal, la joie et la peine. Quand on est capable de donner ça au lecteur, on est un écrivain.” On relira *Paris est une fête*, livre paru trois ans après la mort d’Hemingway, pour revivre des épisodes entrés dans la légende : la découverte de la librairie *Shakespeare and Company* rue de l’Odéon, les après-midi d’écriture à la terrasse de la *Closerie des Lilas*, la visite à Ezra Pound rue Notre-Dame-des-Champs, les conversations avec James Joyce autour d’un verre de vin blanc, les dérives nocturnes rue Delambre avec Scott Fitzgerald.

“Papa” Hemingway a follement aimé Paris. Il y est souvent revenu à l’improviste, mais jamais à la légère. Ainsi le 25 août 1944, où il a descendu les Champs-Elysées dans une jeep du 22e régiment d’infanterie américaine et foncé place Vendôme pour délivrer le bar du *Ritz* de l’occupation allemande. “Papa a choisi le bon hôtel. Plein de bonnes choses dans la cave”, s’est félicité son chauffeur. Depuis les début des années 1930, Ernest Hemingway était chez lui au *Ritz*. Le palace de la place Vendôme était devenu sa maison et Charles, le fils du fondateur César Ritz, un complice.

L'écrivain affectionnait le bar de la rue Cambon, qui porte désormais son nom. Avec Fitzgerald, Hemingway a souvent fait trembler la porcelaine sous les lustres de cristal. Vingt ans après, il n'avait rien perdu de son énergie. Mais ses titres de libérateur du *Ritz* n'empêchaient pas les officiers supérieurs de la Royal Air Force d'être choqués par les manières *hard-boiled* de ce correspondant de guerre *yankee* : "Il s'adonnait de plus en plus à la boisson, à la bagarre. Il se faisait jeter dans des fontaines, éjecter des hôtels." Qui dira que nous n'avons jamais connu ça ? L'esclandre, cette maladie infantile des introvertis. Papa Hemingway étalait ses vertus, il n'a jamais cherché à dissimuler ses vices. Jouissant à l'infini du privilège réservé à l'artiste de s'élaborer lui-même, il a rêvé sa vie avant de la revivre en roman.

CLUB SANDWICH CÉSAR RITZ

Quand je suis arrivé à l'hôtel Ritz *de Paris en 1981, où je suis resté quatre ans, le fameux club sandwich César Ritz est la première recette que j'ai apprise. Je n'ai fait que ça pendant six mois ! Vous pensez que je n'ai pas oublié la recette ! Aujourd'hui, c'est un plaisir de revenir au bar* Hemingway *avec mon ami Sébastien et d'en commander deux.*

Pour 4 personnes
12 tranches de pain de mie
2 ailes de poulet fermier cuit poché
1 laitue
4 belles tomates
4 œufs de poule
25 cl de mayonnaise
8 tranches de bacon
8 piques en bois
Sel, poivre, vinaigre vieux, huile d'olive

Emondez les tomates. Dessinez une croix sur le dessus, retirez le pédoncule, faites bouillir une casserole d'eau salée, trempez les tomates 20 secondes et mettez-les dans un bac d'eau glacée.

Laissez refroidir et retirez la peau sans problème. Egouttez et tranchez finement (1/2 cm d'épaisseur). Assaisonnez de sel et de poivre, d'une cuillère à café de vieux vinaigre et de 3 cuillères à soupe d'huile d'olive. Réservez. Faites cuire les œufs 10 minutes à l'eau en ébullition. Refroidissez, écalez et coupez en rondelles de 3 mm. Il existe des coupe-œufs pour cette opération.

Réservez.

Lavez votre laitue délicatement dans une eau froide légèrement vinaigrée. Egouttez-la bien et taillez-la en fines lanières, façon julienne. Mélangez la salade avec 2 à 3 cuillères de mayonnaise fortement moutardée. Vérifiez l'assaisonnement et réservez.

Emincez en fines tranches vos beaux blancs de poulet, de manière à obtenir des lamelles d'une épaisseur de 4 à 5 mm.

Réservez.

Grillez vos tranches de bacon soit au four, soit à la poêle. Elles doivent être bien croustillantes. Poivrez légèrement. Ne salez surtout pas. Réservez au chaud.

Une fois que vous avez réalisé toutes ces opérations, prenez les tranches de pain de mie, toastez-les très rapidement en surface afin de garder du moelleux à l'intérieur.

Prenez 6 toasts, étalez une fine couche de julienne de laitue sur chaque, puis une couche d'œuf dur, puis une couche de tomate et, pour finir, une couche d'émincés de poulet. Ces opérations doivent être faites soigneusement et le plus régulièrement possible. Assaisonnez d'un peu de sel et d'un coup de moulin à poivre.

Superposez une tranche sur une autre et recouvrez avec une autre tranche de pain de mie toastée. Piquez chaque moitié avec un cure-dent en bois et tranchez chaque club en diagonale de façon à réaliser des triangles. Couvrez chaque triangle d'une tranche de bacon grillé et servez ainsi.

Pour obtenir une bonne qualité de club sandwich, il faut que le montage soit fait assez rapidement de façon à ce que le pain reste croustillant et tiède. Chose importante : il faut que tous les ingrédients soient à température ambiante, surtout pas au réfrigérateur, le froid prolongé tuerait le goût.

CÔTES DE TAUREAU DE COMBAT A L'ESPAGNOLE

C'est un plat que vous ne pourrez déguster que si vous avez la chance de séjourner à Bayonne, Nîmes, Arles ou Pampelune pendant la période des férias. A Pampelune, où une statue d'Ernest Hemingway est érigée à l'entrée des arènes, j'aime le déguster chaque année chez Olaberry, *rue Santa Marca. Ce restaurant sert également un cochon de lait grillé entier dans la cheminée. Un moment proprement médiéval !*

Pour 4 personnes
4 côtes de taureau de 1 kg
8 échalotes ciselées
1 botte de ciboulette hachée
Sel, poivre, fleurs de sel, huile d'olive
8 cœurs de laitue (sucrine)
4 tomates bien mûres, 4 piments du pays (doux)
3 oignons rose émincés, xérès

Assaisonnez fortement vos côtes, faites-les griller, sur un barbecue de préférence, ou sur une grille dans la cheminée sur la braise. Faites-les saisir des deux côtés, cette opération doit être réalisée assez rapidement. Prenez un grand plat, retournez au milieu deux assiettes à dessert, déposez dessus vos côtes et recouvrez-les des échalotes ciselées crues, puis de ciboulette.

Assaisonnez avec du poivre du moulin et de la fleur de sel, ajoutez sur chaque côté une bonne cuillerée à soupe d'huile d'olive. Recouvrez d'une feuille d'aluminium et laissez ainsi près d'une source de chaleur pendant 30 minutes.

Pendant ce temps-là, lavez la salade, les tomates et les piments. Taillez les tomates en quartiers, les salades en huit et les piments en morceaux. Mettez le tout dans un saladier et ajoutez les oignons roses émincés, 4 cuillères à soupe d'huile d'olive, 2 cuillères à soupe de xérès, assaisonnez de sel et de poivre du moulin. Mélangez soigneusement, il faut laisser ainsi mariner une bonne quinzaine de minutes. Juste avant de servir, passez les côtes grillées dans un four chaud, dans le plat de service. Vous devez récupérer le jus des côtes qui s'est écoulé dans le premier plat. Arrosez les côtes de ce jus et servez accompagné avec la salade.

Chambre 30

GUY DE MAUPASSANT, LE SENSIBLE

Petite friture des bords de Seine
Bécasse préparée sur sa rôtie

"Trop de putains, trop de canotage, trop d'exercice physique", écrivait Gustave Flaubert à Guy de Maupassant (1850-1893). Mais comment se figurer l'auteur de *Bel-Ami* autrement que dans l'excès ? Excès de livres et de lèvres, de haschisch et de soleil, de talent et d'extravagances. Jusqu'à sa mort précoce dans la clinique du docteur Blanche, où ses crises de folie avaient fini par le conduire, Maupassant n'a jamais trouvé le moyen de s'économiser. C'est un écrivain de la dépense, célébrant sans compter les courses à travers les champs, les promenades sur la falaise, les parties de pêche au grand air, la chasse à la bécasse, le canotage sur la Seine, les farces entre copains, la vigueur normande et la gaieté parisienne. Il rêvait de briller dans le monde, il y travailla comme un forçat.

Dans les salons littéraires, où il fut admis aux côtés d'Emile Zola et d'Alphonse Daudet, on se moquait de ce "zozo" effrontément doué, auteur à trente ans d'un premier chef-d'œuvre : *Boule-de-Suif.* L'auteur du *Petit Chose* trouvait du tempérament à Guy de Maupassant, mais ne comprenait pas pourquoi il s'était laissé enfermer dans les commandements tyranniques de Gustave Flaubert : documentation scrupuleuse, minutie du détail vécu, polissage infini de la phrase, chasse aux épithètes, traque des auxiliaires, aversion pour le participe passé. L'échec de *Bouvard et Pécuchet* a démontré qu'à poursuivre la perfection, un écrivain finit quelquefois par égarer en route son sel, son accent, sa lumière. Rimbaud avait raison : la Beauté mérite des baffes. N'importe. Ce qui nous enchante, chez Maupassant, c'est un tempérament.

L'auteur de *La Maison Tellier* était de la race de Rabelais, Molière et La Fontaine. Les vertus cardinales de son style ont pour noms force, rapidité, simplicité, netteté. Dans ses deux cent soixante contes et nouvelles, dont l'ensemble forme un monument inégalé, Maupassant a cultivé la manière simple et claire d'un Français du nord de la Loire, révoquant la boursouflure, les sentiments fades et les intrigues filandreuses. Doué pour la composition, cet admirateur des impressionnistes aimait travailler ses couleurs au grand air et par petites touches. Il faut relire *Une vie*, *La Main gauche* et *Le Horla*, pour découvrir que son rendu est souvent grinçant et douloureux. On peut certes reprocher à l'écrivain normand certain tour sec et brutal qui aboutit parfois au manque d'humanité, mais on ne peut pas l'accuser d'avoir fait de la littérature avec des bons sentiments. Observateur-né, Maupassant avait un sens aigu du décor et de la circonstance. Parisiens ou rustiques, ses récits sont de vivants tableaux où l'on entre de plain-pied. Sous le soleil de la IIIe République naissante, les jeunes femmes sont éblouissantes de grâce, l'argent mène le monde, les bourgeois ne comprennent rien à la France, les ronds-de-cuir s'étiolent dans leurs ministères, les curés prêchent leur morale dans le vide, les travailleurs endurent, les putains se comportent en grandes dames, les déjeuners sur l'herbe se prolongent à l'infini, Boule-de-Suif pleure et le pauvre Guy écrit. Jusqu'à la folie.

PETITE FRITURE DES BORDS DE SEINE

Elle n'est bonne que dans une guinguette au bord de la Seine, arrosée d'un chablis bien sec comme celui d'Alice et Olivier De Moor. Il est excellent de manger en même temps des tranches de pain grillées et beurrées. La friture doit être bien saisie et croustillante. Enfin, très important, il ne faut saler les poissons que lorsqu'ils sont cuits.

Pour 4 personnes
600 g de goujons d'une fraîcheur exemplaire juste sortis de l'eau
1 cuillère à soupe de persil haché frais
2 citrons
1/2 l de lait
500 g de farine
1 l d'huile d'arachide
Sel et poivre, piment d'Espelette

Videz chaque poisson, opération délicate qui doit être accomplie avec soin. Puis passez-les très légèrement dans le lait.

Pour fariner les goujons, il est recommandé d'avoir un tamis à maille assez couverte. On doit les toucher le moins possible afin de ne pas les écraser, il s'agit de les positionner sur le tamis, de les saupoudrer de farine et de faire rouler le tamis comme si l'on cherchait de l'or. Et ce que l'on va trouver…

Les goujons prendront juste ce dont ils ont besoin de farine.

Ensuite, dans une russe ou une casserole, vous devez faire chauffer l'huile d'arachide, qui ne doit pas dépasser 170 °C. (Attention, l'huile chaude ne fait pas bon ménage avec l'eau.)

Faites ensuite frire délicatement les goujons, mais sans lenteur, et retirez-les à l'aide d'une araignée ou d'une écumoire. Disposez-les alors sur un torchon sec et propre.

Assaisonnez à ce moment-là de sel, poivre et très légèrement de piments d'Espelette et saupoudrez de persil haché.

Servez tout simplement accompagné d'un jus de citron.

La friture de goujons est tellement subtile en bouche qu'il serait dommage de l'accompagner de quelque sauce que ce soit.

BÉCASSE PRÉPARÉE SUR SA RÔTIE

Mon frère Philippe, charcutier et traiteur à Pau, traverse les forêts de France et de Navarre à la recherche de ce gibier. C'est un fin chasseur et un fin cuisinier, c'est de lui que me vient cette recette que les amateurs se transmettent d'âge en âge comme un secret. Pour nous autres cuisiniers, c'est toujours un bonheur de préparer cette "nourriture des dieux" !

Pour 4 personnes
2 belles bécasses mordorées
8 bardes de ventrêche
1 cuillère de cerfeuil haché
2 cuillères à soupe de graisse d'oie
Quelques morceaux de jambon de pays bien gras
200 g de foie gras du Gers mi-cuit

Un vieil armagnac, sel, poivre du moulin
4 tranches de pain de campagne bien grillées
1 gousse d'ail hachée et 1 échalote ciselée

La bécasse ne se vide pas, une fois plumée et flambée, vous devez lui ôter seulement le gésier. Ensuite, vous allez lui retirer les yeux ainsi que la partie basse du bec et la langue.

Puis vous la troussez, la traversez avec le bec de part en part, à l'arrière des cuisses. Il convient ensuite de l'enrouler de bardes, de lui donner une belle forme et de la maintenir ainsi avec de la ficelle. Vous devez ensuite l'assaisonner de bon goût, sel et poivre, et la rôtir dans un four chaud (thermostat 6 à 7) avec la graisse d'oie un quart d'heure. Pendant la cuisson, faites fondre les parures de jambon dans une petite casserole et arrosez régulièrement.

Prenez bien soin de la bête pendant la cuisson, gardez surtout la chair bien rosée. A la fin de la cuisson, flambez votre bécasse avec le vieil armagnac. Retirez et réservez l'oiseau, et déglacez avec 15 cl d'eau votre sautoir de façon à récupérer les sucs de cuisson, réduisez de deux tiers et réservez.

Prenez délicatement vos bécasses, videz-les en conservant toutes les entrailles, réservez les oiseaux au chaud.

Dans une poêle, faites suer avec un peu de graisse d'oie, l'ail et l'échalote, ajoutez-y les entrailles de l'oiseau, écrasez soigneusement le tout avec une fourchette, vérifiez l'assaisonnement et flambez d'une lichette d'armagnac, débarrassez le tout dans un saladier et incorporez-y le foie gras (qui a été taillé en petits morceaux) et la cuillère de cerfeuil haché. Masquez de cette farce les croûtons de pains de campagne grillés.

Partagez en deux les dames au long bec.

Dressez chaque morceau sur les rôties (toasts de campagne masqués de farce), les têtes fendues en deux, placées sur chaque bécasse.

Passez au four pour donner un peu de chaleur et servir ainsi accompagné de son jus de cuisson et d'une poêle de cèpes ou girolles parfumés à l'ail.

Chambre 31

GEORGES BERNANOS, L'ORAGEUX

Coq au vin de la Croix-des-Ames
Religieuse au café pur arabica du Brésil

Au Brésil, dans la *fazenda* du Chemin de la Croix-des-Ames où il vécut entre 1940 et 1945, Georges Bernanos (1888-1948) aimait servir à ses invités du coq au vin en barbouille à la berrichonne. Un plat inédit au Brésil, en particulier dans le Minas Gerais, où le bœuf est roi. De sa patrie, l'auteur de *Nous autres Français* avait non seulement emporté un peu de poussière à la semelle de ses souliers, mais également une recette de cuisine apprise chez sa grand-mère Moreau, dans la ferme des Barreaux à Pellevoisin. Depuis sa mort en 1948, Georges Bernanos repose dans le cimetière de cette petite ville du Berry à laquelle était liée sa famille paternelle. Il y passa quelques étés de son enfance et y revint peu par la suite. N'importe. Un demi-siècle plus tard, sur les hauts plateaux de Barbacena, c'est une recette berrichonne que le romancier du désespoir et de la foi, hanté par les folies de son siècle, servait aux hôtes de sa ferme à l'entrée de laquelle flottait le drapeau français frappé de la croix de Lorraine. Afonso Arinos de Melo Franco l'a raconté dans ses Mémoires : "Un jour, à Barbacena, Bernanos nous invita, ma femme Anna et moi, à déjeuner dans sa ferme, qu'il avait aménagée avec amour, un peu comme une maison de campagne lorraine. Là, après le coq au vin (qu'il affirma avoir contribué à préparer), il nous proposa la lecture d'un poème de Victor Hugo..." Dégoûté par l'ambiance de compromission avec le fascisme qui régnait en Europe à la veille des accords de Munich, Bernanos avait traversé l'Atlantique avec sa femme et ses six enfants en juillet 1938. Mouchette, Donissan, Chantal de Clergerie et le curé de campagne, créatures imaginaires sorties de son esprit orageux, l'accompagnaient dans cet exode. Bernanos songeait au Paraguay, mais c'est au Brésil qu'il finit par s'installer, touché par l'accueil des habitants de Rio de Janeiro. Son projet était d'acheter du bétail et de mener la vie sauvage d'un *vaqueiro*, loin d'une vieille Europe à l'âme en miettes. Après quelques mois d'hésitation, il finit par s'établir à Pirapora, sur les rives du rio São Francisco. "J'ai acheté deux cents vaches, et, du même coup, le droit de ne plus me dire «homme de lettres», mais vacher, ce qui me paraît bien plus préférable. En tant qu'homme de lettres et homme du monde, j'étais lié par une foule de nécessités superflues ; en tant que vacher je pourrai écrire ce que je pense."

Dans le *cerrado* du Minas Gerais, l'écrivain partagea la vie des *fazendeiros* taciturnes et des garçons de ferme mulâtres à qui les portes de sa maison étaient grandes ouvertes, une assiette de *feijao* réservée pour un éventuel visiteur. "Je ne me sens plus ici en exil", écrira Bernanos après avoir laissé sa maison de Pirapora pour la ferme de la Croix-des-Ames, à Barbacena. C'est le cœur déchiré qu'il quitta le Brésil en 1945, rappelé en France par le général de Gaulle. Très vite, cet éternel vagabond évangélique reprit la route de l'exil. Malade, Bernanos composa en Tunisie son ultime chef-d'œuvre, les *Dialogues des carmélites*, puis rendit l'âme en prononçant ce mot étonnant : "A nous deux, maintenant !"

COQ AU VIN DE LA CROIX-DES-ÂMES

Les jours fastueux, le coq de ferme qui sert de base à ce plat roboratif peut être remplacé par une poularde fine. Naturellement, le résultat n'en est que meilleur.

Pour 8 personnes
1 coq de bonne qualité, vidé et coupé en huit morceaux. Votre volailler se fera un plaisir de s'en occuper.
2 l de vin rouge vieux et puissant, par exemple un chinon de chez Lenoir
10 cl de sang de coq ou de cochon à demander à votre volailler
100 g de lard coupés en lardons
2 carottes émincées
4 échalotes émincées
2 gousses d'ail écrasées
1 bouquet garni
Eau-de-vie de pays
Farine
Sel et poivre
Beurre et huile d'arachide

Pour la garniture
4 tranches de pain de mie
200 g de lard coupé en lardons
200 g de champignons de Paris boutons
16 petits oignons blancs grelots
1 cuillerée à soupe de persil plat haché
Citron
Poivre en grains
Sucre

Faites rissoler les morceaux de coq avec les lardons, préalablement assaisonnés, dans une casserole avec une moitié de beurre et une moitié d'huile d'arachide, pour leur donner une belle coloration. Egouttez.

Dans la casserole d'où vous aurez retiré la volaille, faites revenir les carottes, les échalotes, l'ail puis remettez les morceaux de coq.

Saupoudrez avec 4 cuillères à soupe de farine, faites brunir l'ensemble et flambez avec 3 généreuses cuillères d'eau-de-vie du pays.

Ajoutez le bouquet garni.

Réservez.

Dans une autre casserole, faites bouillir le vin et flambez-le, afin de lui retirer son acidité. Versez-le dans la casserole du coq, portez à ébullition, vérifiez l'assaisonnement et laissez cuire à petite ébullition pendant 1 heure.

Préparez ensuite la garniture. Toastez les croûtons, réservez-les au chaud. Poêlez vivement les lardons pour qu'ils deviennent bien croustillants. Réservez au chaud.

Lavez les champignons que vous mettrez dans une casserole. Couvrez d'eau jusqu'à hauteur, ajoutez une pointe de beurre, de sel, ainsi que quelques gouttes de citron et des grains de poivre écrasés.

Portez à ébullition et réservez au chaud.

Epluchez les petits oignons, mettez-les dans une casserole, couvrez à hauteur d'eau, ajoutez une cuillère à café de beurre, du sel, poivre, et une pointe de sucre. Portez à ébullition jusqu'à évaporation totale de l'eau.

Réservez au chaud.

Une fois votre coq cuit, égouttez les morceaux, réservez. Filtrez votre sauce, il ne doit rester aucune garniture, portez-la à ébullition dans une casserole propre. Ajoutez à ce moment-là, avec un fouet, le sang de coq, sans cesser de remuer. Si vous n'avez pas pu en récupérer, vous aurez demandé à votre boucher de vous procurer du sang de cochon. Attention à ne surtout pas faire bouillir et à bien mélanger.

Vérifiez l'assaisonnement, ajoutez à ce moment-là les morceaux de volaille, plus les oignons, les lardons et les champignons égouttés. Gardez le jus de cuisson : si vous trouvez votre sauce trop liée, vous pourrez la détendre avec ce jus, plutôt que d'ajouter de l'eau.

Laissez ainsi mijoter 20 minutes, toujours sans bouillir.

Disposez vos morceaux de coq ainsi que la garniture dans votre plat de service. Ajoutez la sauce, autour vos croûtons de pain, et saupoudrez légèrement de persil haché.

RELIGIEUSE AU CAFÉ PUR ARABICA DU BRÉSIL

C'est un classique des déjeuners du dimanche en famille depuis le début du XXe siècle, mais l'origine de son nom reste mystérieuse. Au siècle précédent, les dictionnaires n'en font pas mention. Pourquoi une religieuse ? Sans doute à cause de sa forme rebondie. Les choux peuvent être fourrés de chocolat ou de café. En l'honneur de l'auteur des Dialogues des carmélites, *ce dernier viendra du Brésil.*

Pour 8 personnes
Pour la pâte à choux
60 g de beurre
125 g de farine
4 œufs
1/4 l d'eau
1 pincée de sel fin

Pour la crème pâtissière
3/4 l de lait
5 jaunes d'œufs
150 g de sucre semoule
75 g de farine
1 cl d'extrait de café

Eléments du glaçage
400 g de fondant, pâte à glacer que l'on trouve dans les magasins spécialisés
1 cl environ d'extrait de café

Pour confectionner la pâte à choux, mettez dans une casserole l'eau, le beurre, qui doit être fondu, le sel fin et faites bouillir. Ajoutez la farine en une seule fois. Travaillez ce mélange rigoureusement, avec une spatule en bois, sur le feu. En remuant, continuez à travailler la pâte pour qu'elle sèche. Elle est prête lorsqu'elle se détache du récipient et forme une boule bien homogène. Retirez alors le récipient du feu.

Ajoutez hors du feu les œufs un à un en prenant soin à ce qu'ils soient entièrement absorbés par votre pâte. Au terme de ce travail, la pâte devient collante. Débarrassez-la dans un récipient inoxydable et recouvrez d'un papier film. Conservez au frais.

Pour confectionner la crème pâtissière, mettez dans une casserole le lait et faites bouillir. Réunissez dans une terrine les jaunes d'œufs et le sucre, mélangez énergiquement, ajoutez la farine, votre mélange doit blanchir. Versez dessus le lait bouillant petit à petit, remettez dans la casserole et faites bouillir sans jamais cesser de mélanger avec un fouet. Lorsque la première ébullition se produit, débarrassez dans un saladier, ajoutez l'extrait de café, couvrez d'une feuille de papier film.

Réservez au frais.

Ensuite, faites les choux. Mettez la pâte à choux dans une poche à décorer, munie d'une douille unie. Si vous n'avez pas de poche, vous pouvez réaliser cette opération avec une cuillère, mais c'est un petit peu délicat. Réalisez sur une plaque anti-adhésive 8 tas ronds d'un diamètre de 3 cm, le plus régulièrement possible, et 8 ronds d'un diamètre de 1,5 cm. Il faut bien les espacer les uns des autres. Puis prenez un œuf, cassez-le et battez-le avec 1 cuillère à café d'eau. A l'aide d'un pinceau, passez cette dorure sur la surface supérieure des ronds de pâte à choux.

Mettez-les à cuire dans un four chaud (200 °C environ, thermostat 6-7) pendant 20 à 25 minutes. Laissez refroidir à température ambiante (ne pas passer au réfrigérateur). Une fois vos choux refroidis, pratiquez au dos de chaque chou un trou de 0,5 cm de diamètre (grosseur d'un crayon).

Mettez la crème pâtissière dans une poche et farcissez vos choux. Si vous n'avez pas de poche à douille, ouvrez vos choux, et, à l'aide d'une cuillère à café, farcissez délicatement vos choux de crème pâtissière au café.

Réservez.

Mettez le fondant dans une casserole, faites-le chauffer très légèrement. La température ne doit pas dépasser 40 °C. Ajoutez l'extrait de café, puis 2 cuillères à soupe d'eau tiède, et à l'aide d'une cuillère, nappez vos 8 gros choux, puis les 8 petits choux que vous disposerez aussitôt sur les gros, en donnant une légère pression de façon à les coller. Servez vos religieuses au café accompagnées d'une crème anglaise vanillée.

Avec la même recette, vous pouvez également réaliser des éclairs au café. Au lieu de faire des tas de pâte à choux ronds, il vous suffit de former des bâtonnets de 10 cm de long.

Chambre 32

MARCEL PROUST, L'AMOUREUX

Bœuf en gelée
Madeleines

Jeune homme de quarante ans aux yeux de biche, retranché dans sa chambre du 102, boulevard Haussmann où avait commencé son marathon pour retrouver le Temps, Marcel Proust se souvenait avec émerveillement des dîners qu'il donnait dans l'appartement de ses parents, rue de Courcelles. C'était à la toute fin du XIXe siècle. A cette époque, il ne se couchait pas de bonne heure. Au cœur de l'affaire Dreyfus, un don de sorcier permettait à Marcel Proust de convoquer des personnes d'opinions politiques différentes sans que jamais la vaisselle ne vole en morceaux. Ce psychologue extralucide savait seul accorder l'israélite et l'antisémite. Et rien ne lui échappait dans l'ordonnancement de ces dîners. Ni le plan de table, ni le menu. Tout

Paris était au courant et les journaux s'en émerveillaient. "Donner des dîners exquis, fût-ce pour une ou deux personnes, était une sorte de fonction qu'il remplissait plusieurs fois par semaine avec beaucoup de plaisir, de luxe, de cérémonial et de simplicité", observera le narrateur chez les Guermantes. Il faut lire la *Recherche* pour découvrir chez Proust une exquise gourmandise, disposition étonnante chez un homme qui ne prenait qu'un repas par journée. Le romancier ne daignant pas distinguer le sens spirituel et le sens matériel du mot nourriture, sa gourmandise fut singulière. Ce qui ne l'empêchait pas d'être fondée sur des souvenirs gastronomiques précis. Gourmand par procuration, Proust s'inventa un autre moi émerveillé : l'art de bien traiter. Il y a la madeleine "courte et dodue", d'*Un amour de Swann* ; les œufs brouillés au lard et le homard à l'américaine de *Jean Santeuil* ; les haricots verts et tendres de *La Prisonnière* ; la bouillabaisse de *Sodome et Gomorrhe* ; le bœuf à la gelée de *A l'ombre des jeunes filles en fleurs*, dont Françoise va chercher les ingrédients aux Halles, "comme Michel-Ange passant huit mois dans les montagnes de Carrare à choisir les blocs de marbre les plus parfaits pour le monument de Jules II" ; la glace à la vanille des Guermantes ; le riz à l'Impératrice, les crèmes au chocolat… Chez Proust, la cuisine, c'est beaucoup plus que la cuisine.

C'est un paysage absolu. Dans *A l'ombre des jeunes filles en fleurs*, le narrateur se surprend à converser avec les desserts lors d'un déjeuner sur l'herbe : "Les gâteaux étaient instruits, les tartes étaient bavardes. Il y avait dans les premiers des saveurs de crème et dans les secondes des fraîcheurs de fruits qui en savaient long." Un moment charnière, au cours duquel le narrateur se sent devenir écrivain. Il s'en souviendra à l'autre bout de la *Recherche*, dans *Le Temps retrouvé*, donnant la morale d'ensemble de son œuvre géniale : "La loi cruelle de l'art est que les êtres meurent et que nous-mêmes nous mourions en épuisant toutes les souffrances, pour que pousse l'herbe non de l'oubli mais de la vie éternelle, l'herbe drue des œuvres fécondes, sur laquelle les générations viendront faire gaiement, sans souci de ceux qui dorment en dessous, leur «déjeuner sur l'herbe»."

BŒUF EN GELÉE

La queue de bœuf est une partie du bœuf peu utilisée, pourtant elle a des qualités gustatives très plaisantes. Pour cette recette, on peut remplacer la queue par de la joue.

Pour 4 personnes
2 kg de queue de bœuf taillés en tronçons de 10 cm

1 pied de porc
1 oreille de cochon
4 carottes entières épluchées
4 poireaux lavés et ficelés en botte
2 navets
1 cuillère à soupe de persil plat haché
1 petit chou pommé
Moutarde forte de Dijon
Sel, poivre et piment d'Espelette
50 cl de vin rouge de pays

Mettez la queue de bœuf, le pied de porc et l'oreille dans une marmite. Mouillez avec le vin rouge et de l'eau en quantité suffisante pour couvrir, laissez bouillir et écumez.

Ajoutez tous les légumes.

Assaisonnez de bon goût et laissez cuire à petite ébullition pendant 3 heures. Au bout de 45 minutes de cuisson, égouttez tous les légumes et conservez-les à température ambiante, bien recouverts d'un linge humide.

Au bout de 3 heures, égouttez toutes les viandes, désossez la queue de bœuf et le pied de cochon, taillez l'oreille en julienne. Mélangez l'ensemble tout délicatement. Vérifiez l'assaisonnement, ajoutez le persil haché et 1 cuillère à soupe de moutarde forte.

Réservez à température ambiante.

Faites réduire la cuisson d'un tiers. Taillez tous les légumes à peu près de la même façon. Réservez. Prenez un grand saladier ou une grande terrine et intercalez successivement viandes et légumes en prenant soin, à chaque couche, d'ajouter une cuillère de bouillon de cuisson et un tour de moulin à poivre. Finissez par une couche de viande. Mettez au réfrigérateur 4 à 5 heures.

Démoulez en passant légèrement votre récipient à l'eau chaude, et servez selon la saison d'une salade (endives, mâche, roquette) bien vinaigrée et moutardée. Servez le tout avec du raifort râpé.

MADELEINES

C'est l'une de mes friandises préférées et comme Proust, je les aime "courtes et dodues". A La Régalade, *nous les servions avec le café. Au* Relais, *elles accompagnent un fruit de saison. Un délice.*

Pour 30 madeleines
280 g de beurre
150 g de sucre semoule
240 g de farine
11 g de levure chimique
4 œufs entiers
40 g de miel liquide
75 cl de lait entier

Il est important de réaliser la base de la recette la veille de la cuisson. Les madeleines ne seront que meilleures : toutes les saveurs auront eu le temps de se mélanger.

Dans une casserole haute, faites dorer à feu vif le beurre pour qu'il ait une jolie couleur blonde noisette ; surtout ne pas le faire brûler, ce qui donnerait un méchant goût de grillé aux madeleines, puis filtrez-le dans une passoire à lait et laissez-le refroidir au réfrigérateur.

Dans un saladier, mélangez le sucre en poudre, la farine et la levure. Faites une fontaine et incorporez délicatement le lait et les œufs, ajoutez le miel et réalisez un mélange homogène. Ajoutez à ce moment-là le beurre noisette – froid, c'est très important – qui ne doit surtout pas être figé. Débarrassez le tout dans une boîte en plastique hermétique et conservez au réfrigérateur.

Disposez ensuite vos moules à madeleines (les vieux moules en fer donnent un résultat exceptionnel), beurrez-les légèrement et saupoudrez de farine. Préchauffez le four à 180 °C, thermostat 6-7). Mettez une bonne cuillère d'appareil à madeleine dans chaque orifice et faites cuire 7 à 8 minutes dans le four. Vos madeleines doivent être gonflées, légèrement entrouvertes sur le dessus et avoir une belle coloration et du croustillant.

Sortez du four et démoulez les madeleines toutes ensemble en tapant d'un coup sec le moule contre le plan de travail, retournez-les côté bombé dessus et laissez-les légèrement refroidir.

Si vous les voulez plus fruitées, avant de les passer au four, ajoutez dessus un morceau de fraise, de banane ou d'un autre fruit.

Chambre 34

CURNONSKY, LE PRINCE

Brochet de Loire poché au beurre blanc
Baba au rhum

Il faut imaginer la brasserie *Weber*, rue Royale à Paris, aux environs de l'année 1902, et l'existence joyeuse qu'y mène un garçon de trente ans qui se fait appeler Curnonsky (1872-1956). Né Maurice-Edmond Saillant à Angers, "Cur" se bricole jour après jour une vie de bohème, rieuse et agitée, à laquelle sont associés des chroniqueurs, des romanciers, des poètes, des dramaturges, des échotiers. Tout ce petit monde qui a établi sa cour sur la rive droite de la Seine potine, jacasse, s'enivre. La journée commence à quatre heures de l'après-midi et se termine au bout de la nuit, rue de Villersexel, où Curnonsky loge avec son ami Paul-Jean Toulet. Léon Daudet, qui vient en voisin depuis la rue de l'Université, les tire du lit aux alentours de midi.

“Ils étaient encore couchés, dans deux chambres voisines, également en l’air, également pleines de bouquins, et chacun d’eux lisait le dictionnaire de Bayle. Il est vrai qu’à la fermeture du *Weber*, ils avaient gagné le *Café de la Paix*, jusqu’à trois heures du matin, où ils se rapatriaient rive gauche…” Dans une *Contrerimes*, Toulet évoque ces longs bouts de la nuit. “Ah Curnonsky, non plus que l’aube / N’était bien rigolo.”

Une antiphrase : grassouillet, ouvert, bon vivant, le bonhomme est plutôt drôle. Il gagne sa vie en participant avec Colette à la rédaction des romans de Willy. Avec Toulet, Curnonsky a également expédié une série de bluettes sentimentales signées Perdiccas, dont certaines ont rencontré un joli succès. La légende de Curnonsky, arbitre des élégances gourmandes ayant une table réservée à son nom dans tous les restaurants de France, naît après-guerre, à l’instigation de la revue *La Bonne Table et le Bon Gîte* et du quotidien *Paris-Soir*. En 1927, leurs directeurs proposent qu’on élise un prince des gastronomes sur le modèle du prince des poètes et du prince des chansonniers. “Physique heureux, bonne humeur, appétit robuste, connaissances culinaires appréciables, goûts artistiques certains, éclectisme en toutes matières et amateur de tout ce qui touche la table de près ou de loin”. Curnonsky a le profil parfait. Il est élu face à Maurice des Ombiaux, gourmet belge qui deviendra prince de la treille. A cinquante-cinq ans, Curnonsky devient une gloire nationale dont les jugements sont attendus avec inquiétude. Son goût robuste va vers une cuisine droite et sans apprêt. Choucroute, cassoulet, garbure ou bouillabaisse, il aime que les choses aient le goût de ce qu'elles sont. Et tant pis pour la décoration. Curnonsky ne va pas au restaurant pour manger les rideaux. Ce qui compte pour lui, c'est l'assiette. Les innovations culinaires farfelues ne l'impressionnent pas. "J'appartiens à cette forte génération qui a vu naître la lumière électrique, le téléphone, le sous-marin, la bécane, l'auto, l'avion, le cinéma, la radio", expliquait-il un jour dans son style robuste. Il est mort à quatre-vingts ans passés, le 23 juillet 1956, mais n'a jamais été oublié. Curnonsky est le saint patron des gourmands de caractère.

BROCHET DE LOIRE POCHÉ AU BEURRE BLANC

Le brochet est un poisson d'eau douce de rivière, d'étang ou de lac. Ceux qu'on pêche dans les lacs n'ont pas leur pareil. Dans la cuisine moderne, le brochet ne tient pas la place qu'il occupait dans l'ancienne. Pour conserver sa saveur et son onctuosité, il est préférable de le cuisiner entier ; faites le choix de belles pièces pesant 2 à 4 kg.

Pour 8 personnes
1 brochet de 2,5 à 3,5 kg, vidé et lavé avec grand soin. A moins que vous ne l'ayez pêché, faites-le faire par votre poissonnier.
2 carottes coupées en rondelles
1 botte de persil
Sel, poivre
2 oignons coupés en rondelles
2 échalotes coupées en quatre
2 gousses d'ail
1 vert de poireau
1 branche de thym
1 feuille de laurier
1 l de vin blanc sec

Pour le beurre blanc
2 cuillères à soupe d'échalote ciselée
Poivre blanc du moulin
15 cl de vinaigre de vin blanc
15 cl de vin blanc sec
10 cl de crème fleurette
200 g de beurre

Essuyez avec le plus grand soin votre brochet. Saupoudrez-le de sel fin et laissez ainsi reposer 1/4 d'heure. Lavez-le à nouveau et posez-le dans votre poissonnière avec le persil, l'oignon, les carottes, l'échalote, l'ail, le poireau, le thym, le laurier. Assaisonnez de sel et de poivre. Ajoutez le vin blanc et recouvrez abondamment d'eau. Laissez mariner ainsi pendant 1 heure.

Environ 1 heure avant le service, posez la poissonnière sur un feu vif. Au premier frémissement, écartez et tenez à feu très doux 30 minutes. Retirez entièrement la poissonnière du feu.

Réservez ainsi.

Pour réaliser le beurre blanc, mettez dans une casserole l'échalote ciselée très finement, le vinaigre, le vin blanc sec et une forte pincée de poivre blanc. Faites réduire totalement et ajoutez à ce moment-là 20 cl d'eau. Faites une deuxième fois réduire, ajoutez la crème fleurette et portez à ébullition. Reculez la sauteuse sur un coin de votre gazinière et ajoutez peu à peu en fouettant sans discontinuer le beurre qui doit être ramolli en pommade mais surtout pas liquide. Le beurre blanc doit devenir bien mousseux et crémeux. Maintenez-le au chaud, mais pas trop quand même. Ne le faites surtout pas bouillir. Vérifiez l'assaisonnement.

Enlevez délicatement le brochet de sa cuisson, nettoyez-le bien en retirant tous les éléments de cuisson : carottes, persil, etc. Avec la lame d'un couteau, fendez légèrement le milieu du filet de la tête à la queue en suivant la ligne des chairs de façon à retirer la peau juste du côté présentation. Disposez le brochet sur un plat de service creux bien chaud. Nappez avec votre beurre blanc et servez ainsi accompagné de pommes de terre vapeur.

BABA AU RHUM

Le "prince des gastronomes" était le champion de la cuisine simple, honnête et loyale, de cette cuisine essentiellement française "où les choses ont le goût de ce qu'elles sont". Ornement d'un repas français bien mené, un baba au rhum aurait fait son bonheur. On attribue l'invention de ce gâteau à Stanislas Leczinski, roi de Pologne exilé à Lunéville, qui aurait arrosé de rhum un kouglof qu'il trouvait un peu sec.

Pour 8 personnes
500 g de farine
12 g de levure de boulanger
8 œufs
15 g de sucre
10 g de sel
2 zestes de citron jaune hachés
90 g de raisins de Corinthe

Pour le sirop
60 g d'abricots
250 g d'eau
100 g de sucre
150 g de rhum vieux de Martinique

Prenez 125 g de farine, faites une fontaine, ajoutez la levure et versez un peu d'eau tiède tout en mélangeant de façon à obtenir une pâte molle. Mettez dans un saladier. Réservez la pâte à température ambiante, recouverte d'un linge, pendant 1 heure.

Dans un batteur, mettez 375 g de farine, 3 œufs, le sucre et le sel. Pétrissez le tout ensemble. Tout en laissant tourner la pâte, mettez 5 œufs les uns après les autres. Lorsque la pâte se détache facilement de la cuve, mettez le levain, ajoutez les zestes de citron et les raisins. Réservez.

Prenez votre moule à baba beurré. Mettez la pâte dans le moule. Disposez le moule dans la cuisine, à proximité d'une source de chaleur et laissez la pâte prendre le double de son volume. Faites cuire à four chaud (thermostat 6 à 7) pendant 35 à 45 minutes. Le gâteau doit avoir une belle coloration. Dressez sur un plat de service.

Pour la confection du sirop, mélangez l'eau, les abricots, le sucre et le rhum vieux dans une casserole, faites bouillir le tout et, juste avant de servir, arrosez abondamment votre baba et versez dans une saucière à part le reste du sirop. Comme moi, prévoyez une bouteille de rhum vieux de Martinique sur la table que vos convives pourront ajouter à leur convenance.

Chambre 40

CHARLES PERRAULT, L'ENCHANTEUR

Citrouille surprise à l'agneau de lait
Galette du Petit Chaperon rouge

Qui n'a jamais rêvé d'enfiler les bottes de sept lieues, ne s'est jamais pris pour le marquis de Carabas, n'a jamais voulu transpercer Barbe bleue de son épée, ne sait pas ce que c'est que l'enfance. La magie de Charles Perrault, ce sont ses personnages qui sont tous des grands frères. Le Petit Poucet, le Chat botté, Riquet à la houppe, universaux fantastiques d'un écrivain devenu conteur malgré lui. Cher vieux Perrault ! Ni Walt Disney ni la psychanalyse n'ont pu nous le confisquer. "Remettez-moi de l'enfance là-dedans !" avait demandé Louis XIV sur le chantier de Versailles. Premier commis de Colbert à la Surintendance des Bâtiments du roi, Charles Perrault ne devait pas être loin. Maître d'œuvre à Versailles d'un labyrinthe de verdure inspiré par les fables d'Esope, il n'eut de cesse de remettre de l'enfance dans son siècle, attentif au souhait de son ami La Fontaine : "Si peau d'âne m'était conté, / J'y prendrais un plaisir extrême ; / Le monde est vieux, dit-on ; je le crois cependant / Il le faut amuser encor comme un enfant." Réformateur de l'orthographe, champion de Lully et de la tragédie lyrique à la française, confident de Quinault, du peintre Le Brun et de l'abbé de Choisy, animateur de la Petite Académie, adversaire de Racine à l'Académie française, auteur d'une *Apologie des femmes* composée en réponse au livre X des *Satires* de Boileau-Despréaux, poète chrétien et ami fidèle de ces Messieurs de Port-Royal, Perrault fut un agitateur capital en son siècle. Oubliées une carrière politique à laquelle Louvois mit fin à la mort de Colbert en 1683, Perrault avait soixante-neuf ans lorsque, en 1697, il publia les *Histoires et contes du temps passé*, huit récits en prose auxquels furent ajoutés trois premiers contes en vers. On se déchire encore sur leur signification, leur origine, leur attribution. Des naïfs s'obstinent à les considérer comme une création insolite, incapables d'observer qu'ils marquent le triomphe de la taille douce à la française sur le burin antique. Dans ses *Contes*, Perrault ne puise plus son inspiration chez Plaute, comme Molière, chez Euripide, comme Racine, ou chez Esope, comme La Fontaine. Ses histoires procèdent du vieux fonds français courtois, elles sont le fruit d'une littérature nationale ayant élu la vivacité enfantine contre la lourdeur des pédants. Comment méconnaître leur simplicité, leur mélange de *vray-semblable* et de *merveilleux*, leur manière de revenir à l'âge d'or de notre langue en commençant par "Il était une fois" ? Comment oublier ces vers où il est question d'"une Robe qui soit de la Couleur du Temps" ? Comment négliger un auteur qui nous apprend, dans ses *Mémoires*, qu'il intervint auprès de Colbert pour que le jardin des Tuileries restât ouvert au public ? Merveilleux Perrault ! Tant qu'il y aura des citrouilles à transformer en carrosses, des princesses endormies pour cent ans, des ogres prêts à dévorer nos rêves, nous continuerons à avoir besoin de lui.

CITROUILLE SURPRISE A L'AGNEAU DE LAIT

Cette recette me vient d'un séjour à Saint-Pétersbourg. Nos hôtes nous avaient servi cette citrouille surprise un dimanche midi comme on sert en France un gigot aux haricots.

Pour 8 personnes
1 citrouille de 20 à 25 cm de diamètre
3 épaules d'agneau de lait désossées et taillées en cube de 2 à 3 cm (votre boucher vous le fera avec plaisir)

2 oignons émincés
4 belles tomates bien mûres
2 gousses d'ail émincées
Thym, laurier
Tomate concentrée
Farine
15 cl de vin blanc
Sel, poivre
Huile d'arachide

Prenez votre citrouille, découpez côté tige un chapeau d'un diamètre de 15 cm. Evidez l'intérieur en enlevant les graines et en prenant soin de bien garder la chair. Il ne faut surtout pas percer la peau. Réservez ensuite le chapeau et le corps de la citrouille.

Dans une poêle, faites revenir vivement les morceaux d'épaule d'agneau de façon à ce qu'ils soient caramélisés. Assaisonnez de sel et poivre et mettez-les à égoutter. Ne mettez pas tous les morceaux d'agneau en même temps : réalisez plusieurs fois cette opération.

Dans une grande casserole qui pourra accueillir tous les morceaux d'agneau, faites suer l'oignon et l'ail avec un peu d'huile d'arachide, mettez les morceaux d'agneau, ajoutez 3 cuillères à soupe de farine, mélangez bien, mettez les tomates coupées en huit, une brindille de thym, une feuille de laurier, mouillez avec le vin blanc, ajoutez une cuillère à café de tomate concentrée, et ajoutez de l'eau de façon à ce que les morceaux de viande soient totalement recouverts. Portez à ébullition, vérifiez l'assaisonnement et laissez cuire 1 h 20 à petit feu. L'ébullition doit être très faible.

Débarrassez au réfrigérateur dans un saladier. Cette opération peut se réaliser la veille, c'est même l'idéal.

Avec le sauté bien refroidi, farcissez la citrouille de façon à bien la remplir. Remettez le chapeau de la citrouille et enveloppez-la entièrement du papier aluminium. Disposez la citrouille farcie sur une plaque allant au four et faites-la cuire à thermostat 4 à 5 pendant 1 h 30. Accompagnez ce mets d'une saucière de crème épaisse fermière de Normandie. Vous verrez l'effet que fait cette recette lorsque vous retirez l'aluminium et le chapeau devant vos convives. Servez à l'aide d'une cuillère à soupe tout en prenant soin de servir en même temps sauté d'agneau et pulpe de citrouille.

GALETTE DU PETIT CHAPERON ROUGE

C'est ma mère-grand qui me l'a transmise. Aucun loup n'avait réussi à se glisser dans son lit, et j'ai pu faire mienne cette recette de galette à l'ancienne. Elle colorait mes quatre-heures ! Cette galette se mange froide et elle est meilleure le lendemain. On peut changer la confiture de fraises par un autre parfum tel que coings, cerises, pêches, abricots, selon la préférence des enfants, de leurs parents et de leurs grands-parents.

Pour 6 vrais gourmands
250 g de beurre
350 g de farine
200 g de sucre cristallisé ou semoule
2 sachets de sucre vanillé de 7 g chacun
1 sachet de levure chimique de 6 g
1 œuf
2 jaunes d'œufs
1 gros pot de confiture de fraises (200 g)
2 œufs pour dorer

Dans un saladier, mélangez le beurre en pommade, de façon à ce qu'il soit mou mais pas fondu, avec le sucre semoule, le sucre vanillé, la levure chimique puis ajouter l'œuf et les jaunes. Lorsque vous avez obtenu un mélange bien homogène, ajoutez la farine. Une fois cette pâte réalisée, vous pouvez la mettre en boule, l'envelopper dans un papier film et la mettre au réfrigérateur pendant au moins 1/2 heure.

1 à 2 heures avant de terminer la recette, sortez votre pâte du réfrigérateur, laissez-la ainsi à température ambiante. Séparez-la en deux, étalez une partie avec un rouleau à pâtisserie et disposez-la, comme pour une tarte, dans un moule à tarte de 24 cm de diamètre. Versez dedans la confiture de fraises. Réservez. Etalez l'autre partie de la pâte et recouvrez entièrement. Ensuite, fermez hermétiquement. Badigeonnez avec un pinceau

le dessus avec les 2 œufs bien battus et laissez cuire au four à 170 °C, thermostat 5 à 6, pendant 40 minutes.

Laissez bien refroidir avant de démouler.

Chambre 41

HONORÉ DE BALZAC, L'ÉNERGIQUE

Poulet marengo "14 juin 1800"
Glaces plombières façon Tortoni

La Comédie humaine est une formidable galerie de gourmands. Chez Honoré de Balzac (1799-1850), on s'empiffre au moins autant que chez François Rabelais. C'est Lucien de Rubempré avalant son potage à grandes cuillerées dans *Illusions perdues* ; le cousin Pons se régalant d'un ragoût de bœuf ; Félix de Vandenesse se délectant des célèbres rillettes et rillons de Tours dans *Le Lys dans la vallée* ; Raphaël de Valentin dévorant d'improbables puddings à la chipolata dans *La Peau de chagrin*... Certains érudits se sont amusés à relever tous les menus, toutes les descriptions culinaires, tous les récits de banquets et d'agapes dans les romans de Balzac. Ils ont rassemblé la matière d'un gros livre de cuisine. A Paris, Balzac accorde l'avantage aux cuisiniers installés autour des Grands Boulevards ; en province aux cuisinières qui ont l'art de provoquer "l'impression gastronomique du plat extraordinaire" dans la vaisselle des maisons bourgeoises. Ici et là, l'auteur de *La Cousine Bette* avait l'appétit infini. Au chapitre de la gueule, il semble que le créateur n'ait jamais rien eu à envier à ses créatures. Ecrivain en robe de bure abattant de l'ouvrage à grand renfort d'œufs frais et de café noir, à la diète tant que son histoire n'était pas achevée, il se faisait un devoir de se rattraper entre deux romans. Un de ses éditeurs a raconté qu'il l'avait vu composer un menu pantagruélique chez *Véry*, le célèbre restaurant du Palais-Royal, pour fêter l'achèvement d'un livre : un cent d'huîtres d'Ostende, douze côtelettes de pré-salé au naturel, un caneton aux navets, une paire de perdreaux rôtis et une sole normande, sans compter les fruits et les entremets.

Cet estomac était aussi un gosier. Honoré de Balzac aimait les vins de sa belle Touraine, en particulier le vouvray de la Vallée Coquette et le chinon des coteaux de Cravant, mais aussi le gris-meunier de l'Orléanais, le chablis, le chambertin, l'hermitage, l'orvieto et surtout le champagne, servi soixante-dix-huit fois dans *La Comédie humaine.* Sans avoir fait de décompte précis, on peut mettre en avant quelques plats-vedettes de *La Comédie humaine.* Ainsi le poulet marengo, créé par Dunand, cuisinier de Bonaparte, le 14 juin 1800, au soir d'une victoire difficile sur les Autrichiens ; la sole normande imaginée par le cuisinier Langlais pour *Le Rocher de Cancale*, le restaurant de la rue Montorgueil où Balzac installe les personnages de *Splendeurs et misères des courtisanes* ; les côtelettes à la Soubise servies par Léon de Lora à Gazonal dans *Les Comédiens sans le savoir* ; les œufs à la coque, nourriture de base de l'écrivain à son établi, qui reviennent dans *Béatrix*, *Eugénie Grandet* et *La Rabouilleuse* ; les ananas en beignets, dont la dégustation est toujours une preuve d'élégance ; les petits pots de crème et pour finir des glaces plombières, spécialité de la maison Tortoni fondée sur le boulevard des Italiens en 1798. L'année suivante, le jeune Honoré venait au monde et gazouillait dans son berceau : "A nous deux, Paris !"

POULET MARENGO "14 JUIN 1800"

Plat créé pour le général Bonaparte pour fêter une victoire sur les Autrichiens, le 14 juin 1800. Ne surtout pas oublier les écrevisses, même si elles n'ont pas un intérêt très particulier pour cette recette. Un jour, Dunand, le cuisinier de Bonaparte, les avait retirées en pensant améliorer le plat : le Premier Consul se fâcha et il n'en voulut pas par superstition.

Pour 4 personnes
1 beau poulet fermier que vous aurez fait vider et couper en 8 morceaux par votre volailler. Il faut surtout laisser la chair sur les os et ne pas désosser l'animal.
4 tomates
1 cuillère à café de concentré de tomates
1/2 l de vin blanc sec
1 cuillère à café d'ail haché
12 petits champignons de Paris bien blancs
1 oignon haché
8 belles lamelles de truffes
8 écrevisses
4 tranches de pain de mie
Farine
4 œufs
1 cuillère à soupe de persil haché
Sel, poivre
Beurre, huile d'arachide
1 jus de citron jaune

Dans une sauteuse, faites colorer chaque morceau de poulet, afin de leur donner une belle teinte dorée. Assaisonnez le tout de bon goût avec le sel et le poivre et saupoudrez légèrement de farine, puis égouttez sur un linge ou un papier absorbant.

Dans la même sauteuse, ajoutez l'oignon haché et l'ail. Mouillez avec le vin blanc. Vérifiez l'assaisonnement et ajoutez le bouquet garni. Laisser réduire ainsi des deux tiers.

Pendant ce temps, émondez les tomates en les plongeant 1 minute dans une eau bouillante salée. Puis égouttez-les et plongez-les dans une eau glacée avant de leur retirer la peau, de les couper en deux, de leur retirer les pépins et de hacher la chair.

Ajoutez la chair des tomates ainsi préparée à la réduction dans la sauteuse, ainsi que la cuillère de tomates concentrées. Ajoutez ensuite les morceaux de poulet et mouillez avec de l'eau de façon à recouvrir tous les morceaux de poulet. Vous pouvez également mouiller avec du bouillon de volaille. Portez à ébullition, couvrez et laissez cuire doucement pendant 20 minutes à petite ébullition.

Pendant ce temps, lavez les champignons de Paris, mettez-les dans une casserole avec de l'eau à hauteur, en ajoutant une cuillère à café de beurre, 1 jus de citron jaune, du sel et du poivre. Couvrez d'une feuille de papier sulfurisé ou d'aluminium et laissez cuire à petite ébullition pendant 10 minutes. Egouttez, en conservant le jus de cuisson, couvrez d'une feuille de papier film et réservez. Remettez le jus de cuisson des champignons dans la casserole, ajoutez les écrevisses. Ajoutez de l'eau de façon à couvrir les écrevisses.

Laissez cuire 10 minutes à feu doux et égouttez les écrevisses avec les champignons. Réservez.

Faites réduire de deux tiers le jus de cuisson et ajoutez-le dans la casserole avec votre poulet. Faites griller vos tranches de pain de mie, puis taillez-les en triangles. Faites frire vos œufs à la poêle puis posez-les sur chaque toast. Réservez.

Disposez votre poulet dans un plat de service, couvrez-le de sauce, ajoutez les champignons. Disposez sur chaque morceau une lamelle de truffe et entourez-le des 4 croûtons avec les œufs et les écrevisses. Saupoudrez le tout de persil haché.

C'est prêt.

GLACES PLOMBIÈRES FAÇON TORTONI

Entremets glacé à base de fruits confits, de forme pyramidale, servi en fin de souper. Un must sur les Grands Boulevards à l'époque de la Restauration.

Pour 4 personnes
400 g d'amandes fraîches émondées
1 l de crème liquide
10 jaunes d'œufs
100 g de sucre semoule
400 g de crème fleurette montée en chantilly non sucrée
400 g de fruits confits taillés en petits cubes et macérés dans de l'eau-de-vie.

Hachez très finement les amandes. Faites bouillir la crème liquide et versez-la sur les amandes, couvrez et laissez infuser 1 heure.

Mélangez le sucre et les jaunes d'œuf, mélangez soigneusement pendant 5 minutes, réservez. Passez la crème infusée en foulant bien les amandes, puis mélangez cette crème à l'œuf et au sucre, et mettez le tout à cuire, comme pour une crème anglaise. Pour ne surtout pas faire bouillir cette crème, ne cessez pas de remuer.

Versez la crème obtenue dans un saladier posé sur un lit de glaçons, sans cesser de remuer. Lorsque votre appareil est glacé, ajoutez délicatement la crème montée et les amandes hachées.

Conservez au frais sur le lit de glace. Versez dans des moules en forme de pyramide ou dans des verres votre appareil à plombières et une couche de fruits confits égouttés de l'eau-de-vie, par couches successives. Terminez par une couche d'appareil.

Faites glacer 2 à 3 heures au congélateur et servez en décorant avec les fruits confits et un coulis de fruits rouges légèrement citronné.

N. B. Si vous avez utilisé des verres, servez votre glace dans ceux-ci en décorant la surface. Si vous avez utilisé des moules en forme de pyramide, laissez-les tremper quelques secondes dans de l'eau chaude pour démouler vos glaces plus facilement.

Chambre 42

LI PO, L'IMMORTEL

Soupe du Yang-Tseu-Kiang

De Li Po (701-762), poète mythique de la dynastie des Tang, nous ne voulons retenir que la légende. A commencer par sa mort, une nuit d'ivresse, en descendant le Yang-Tseu-Kiang. Il périt noyé en voulant embrasser le reflet de la lune sur l'eau. L'astre paisible avait confié un secret au vieil amant qui lui dédia tant de pièces : "Il est une autre terre, un autre ciel que ceux des hommes." La nostalgie de cet ailleurs est un déchirant soupir dans la poésie de Li Po. Artiste conscient de sa vocation, vagabond méprisant les honneurs, extravagant et bagarreur, Li Po, né vers 701 dans le Turkestan chinois, célébra la route, comme Verlaine, l'amitié, comme La Fontaine et le passage du temps, comme Apollinaire. Il gagna son surnom d'"Immortel banni sur terre" dans l'administration impériale.

Dépourvu de diplômes, ayant refusé de passer les concours mandarinaux, il ne conserva pas longtemps sa position à la cour. Il fut renvoyé au bout de deux ans, victime d'intrigues et d'une ivrognerie dont il ne faisait pas mystère. La société des "Huit immortels dans le vin" qu'il animait avait déplu dans l'entourage de l'empereur Xuansong. On peut penser que ses membres outrepassaient très largement les prescriptions de Gengis Khan, qui recommandait aux guerriers mongols de s'enivrer trois fois par mois. Chassé de la cour, le poète retrouva sa vie errante. Depuis sa jeunesse dans le Setchuan, elle avait toujours été sa part. Après une solide éducation classique, enflammé par la lecture de récits héroïques, Li Po s'était fait à quinze ans "chevalier redresseur de torts". Admirateur des poètes du passé, il avait commencé à les imiter dans des pièces révélant son "petit talent de graveur d'insectes" épris de beauté, de paysages et d'intériorité. A trente ans, "entendu en littérature", il s'était lié à quelques-uns des meilleurs poètes de son temps, ainsi Kong Chao-fu, qui descendait de Confucius à la trente-septième génération. A quarante ans, Li Po avait atteint la capitale Chang-an, dans le Sud du pays. Son passage dans l'administration impériale fut un malentendu. Il retourna vite "pendre son hameçon dans un ruisseau d'azur", toujours ravi de ces petits départs annonciateurs du grand départ : "Par un grand vent brisant les vagues, viendra le jour / Où ma voile accrochée aux nuages traversera la mer bleue." Vinrent d'autres épreuves, la guerre, la prison, l'exil. Auparavant, ce Virgile du Dao rencontra son Horace : Du Fu. Ce cadet le célébrera dans sa *Chanson des Huit immortels dans le vin* : "Sous l'influence d'une seule mesure de vin, Li T'ai Po produit tôt cent pièces de vers. / Un soir qu'il sommeillait à demi, au fond d'une taverne de Ch'ang an, / L'empereur le fit appeler pour se promener avec lui en bateau. Li T'ai Po s'y refusa. / Dites à l'empereur, répondit-il, que son sujet est un immortel dans le vin." Sa légende était faite. Des poèmes composés "ivre" ou "après l'ivresse" indiquent qu'il aimait cacher sa renommée au fond des tavernes. Epris de toutes les merveilles du monde, ami des hérons blancs, des saules froids et des gracieux nénuphars, Li Po avait soixante et un ans lorsqu'il rompit les amarres. Il ne fut pas surpris, en arrivant au ciel, de voir qu'il ressemblait autant à la terre.

SOUPE DU YANG-TSEU-KIANG

Pas seulement une chinoiserie, comme on les aime dans la cuisine française depuis le XVIIe *siècle. Un véritable plat principal avec de la saveur, du répondant et de l'onctuosité.*

Pour 4 personnes
200 g d'ailerons de volaille
50 g de gingembre
50 g de citronnelle
100 g de champignons chinois secs (shitake)
1 oignon, 1 carotte, 3 gousses d'ail
200 g de rumsteck de bœuf
Sel, poivre, piment fort
100 g de pâtes chinoises (vermicelle)
Coriandre, 1 citron vert
4 crevettes roses
4 jaunes d'œufs

Choisissez une grande marmite, mettez les ailerons de volaille dans 1 l d'eau, portez à ébullition, écumez soigneusement, et ajoutez l'oignon épluché coupé en quatre, la carotte épluchée, les gousses d'ail, le gingembre coupé en gros morceaux, le citron vert coupé en quatre et les tiges de citronnelle fendues en deux.

Assaisonnez de sel, poivre et piment fort. Laissez cuire à toute petite ébullition pendant 1 heure.

Pendant ce temps-là, ébouillantez les champignons chinois avec de l'eau, laissez-les gonfler 10 minutes puis égouttez.

Faites cuire les pâtes chinoises dans une eau salée que vous aurez auparavant portée à ébullition, égouttez, laissez refroidir et réservez. Décortiquez les crevettes en gardant la tête attachée au corps. Réservez. Taillez le rumsteck de bœuf en bâtonnets. Réservez. Récupérez les ailerons de volaille dans le bouillon. Décortiquez-les et réservez. Filtrez le bouillon à l'aide d'une passoire à lait ou, mieux encore, d'un chinois. Faites réduire le bouillon d'un tiers, vérifiez l'assaisonnement.

Dans un saladier, mettez les jaunes d'œufs, versez dessus 1,5 l de bouillon sans cesser de battre avec un fouet, remettez dans une casserole et faites cuire sur le feu, toujours sans cesser de battre et sans porter à ébullition. Mettez à ce moment-là les champignons chinois, le rumsteck et les crevettes.

Laissez infuser au bord du feu 5 à 7 minutes puis ajoutez la botte de coriandre ciselée, qui ne doit jamais cuire. Servez ainsi en soupière ou en assiette creuse individuelle.

Chambre 44

ALEXANDRE DUMAS, LE CAVALIER

Pibales de l'Adour, ail et persil
Ortolans en caissette

Tout séduit, chez Alexandre Dumas (1802-1870) : l'innocence, l'énergie, la générosité, la gaillardise, une passion jamais prise en défaut pour l'histoire de France et cette obstinée volonté de clore son œuvre immense par un livre de cuisine. Assigné à résidence en Bretagne par son médecin durant l'été 1869, l'écrivain a soixante-sept ans et cinq cents livres derrière lui lorsqu'il commence à classer les recettes, les notes et les anecdotes gastronomiques rassemblées tout au long de sa vie. Cette riche matière est à l'origine du *Grand Dictionnaire de la cuisine* publié par Alphonse Lemerre en 1873, trois ans après la disparition de l'auteur des *Trois Mousquetaires*. Les épreuves de cette somme de trois mille recettes furent corrigées par le grand Vuillemot, chef de l'*Hôtel de la Cloche* à Compiègne. Toute sa vie, Alexandre Dumas a entretenu des relations d'amitié avec les hommes de l'art. Petit-fils d'aubergiste, aussi doué pour tenir une casserole qu'une plume d'oie, le génial romancier a pris conseil auprès des plus grands cuisiniers de son temps : Verdier, Brébart, Magny, les Frères-Provençaux, Grignan, Véry, Vuillemot, sans oublier son ami Collinet. Chef du *Pavillon Henri-IV* à Saint-Germain-en-Laye sous la IIe République, ce dernier est le créateur des pommes soufflées et surtout de la sauce béarnaise, qui n'a d'ailleurs pas plus de liens avec le vieux comté que les poires Bourdaloue avec le célèbre prédicateur. Dans les cuisines du restaurant de Saint-Germain, qui existe toujours, une plaque de marbre célèbre jusqu'à nous l'invention de cette sauce. Ce M. Collinet avait du génie. Le 25 juillet 1847, à Port-Marly, c'est lui qui fut chargé de l'organisation du repas qui accompagna l'inauguration du château de Monte-Cristo : six cents invités et un luxe dont Balzac s'indigna dans une lettre à Mme Hanska. Alexandre Dumas n'a jamais fait les choses à moitié. Tout le faisait ventre : les anguilles à la broche, les soles en matelote, le homard à l'américaine, les ortolans cuits sous la cendre, les bécasses rôties. Les fromages et les desserts avaient moins sa faveur. Attentif aux prescriptions de Brillat-Savarin, l'enfant de Villers-Cotterêts panthéonisé à son corps défendant se méfiait des aliments fermentés et sucrés. Les menus du *Grand Dictionnaire* font pourtant une place aux sorbets, aux biscuits, aux meringues et aux confitures. La grandeur de ce livre, c'est l'infinie variété des plaisirs qu'il propose. Voilà de quoi renouer avec la fièvre que nous procurent les romans du maître. Comme si sauver la reine, préparer une omelette aux huîtres, tirer sur les protestants au siège de La Rochelle, dévorer une poularde, coucher avec la reine Margot, vider un flacon de vin d'Anjou et s'évader du château d'If, c'était participer de la même impatience d'être. Chez Dumas, un homme sans appétit est un homme mort. Pour preuve, ce déchirant dialogue, à la fin du *Vicomte de Bragelonne*.

"Bah ! les hommes comme nous, monsieur le maréchal, dit Aramis, ne meurent que rassasiés de joie et de gloire.

— Ah, répliqua d'Artagnan avec un triste sourire, c'est qu'à présent je ne me sens plus d'appétit, monsieur le duc."

PIBALES DE L'ADOUR, AIL ET PERSIL

C'est ainsi que l'on appelle à Bayonne les alevins d'anguilles, également nommés civelles dans d'autres régions. Chez nous, ils remontent l'Adour et ressemblent à des ficelles blanches. Les Espagnols et les Japonais en sont très friands. La saison de la pêche aux pibales est devenue très réglementée, en général elle dure de décembre à février. C'est désormais un mets rare, très apprécié des gastronomes pour sa finesse.

Pour 4 personnes
800 g de pibales ou civelles
1 cuillère à café d'ail haché
Huile d'olive
Sel, poivre, piment d'Espelette

Lavez bien les pibales à plusieurs eaux jusqu'à élimination complète de la matière gélatineuse qui les enveloppe.

Réservez-les au frais entre deux torchons. Au moment de les savourer, prenez autant de petites assiettes en terre supportant la chaleur que vous aurez de convives, mettez-y un bon lit d'huile d'olive. Puis mettez-les à chauffer ; quand elles sont chaudes, ajoutez l'ail et un bout de piment rouge d'Espelette. Quand l'ail est légèrement doré, versez les pibales et remuez délicatement avec une fourchette. Assaisonnez de bon goût avec sel, poivre, piment.

Laissez cuire 50 à 60 secondes et servez bouillant, à même les récipients. Profitez de la dégustation rare de ce mets exceptionnel.

ORTOLANS EN CAISSETTE

Ce petit oiseau est considéré comme le plus délicat des gibiers de plume. Les ortolans habitent l'Europe méridionale. On les trouve en assez grande abondance dans le sud-ouest de la France et surtout dans la région des Landes où l'on pratique leur engraissement. Ce gibier rendu célèbre par le président Mitterrand doit être préparé de façon très simple. Il doit cuire exclusivement dans sa graisse pour conserver toute sa fraîcheur.

Pour 4 personnes
4 ortolans
Sel, poivre

Les petits oiseaux doivent être vidés, plumés et flambés. Votre volailler leur aura juste retiré le gésier. Assaisonnez-les légèrement et placez-les tout simplement dans une petite caissette individuelle que vous aurez préparée en pliant du papier d'écolier blanc ou du papier translucide utilisé pour emballer les pâtisseries.

Passez les caissettes et leur contenu dans un four chaud à thermostat 7 à 8 pendant 5 minutes. La chair doit être rosée.

Sortez les ortolans du four, salez-les légèrement, rehaussez-les d'un tour de moulin à poivre, mangez-les du bout des doigts.

C'est divin.

Chambre 50

JORGE AMADO, LE MAGICIEN

Feijoada des Pâtres de la nuit

Pour saluer Jorge Amado (1912-2001), le démiurge brésilien de Salvador de Bahia, auteur d'une œuvre qui a réinventé un monde en roman, il faudrait dresser une grande table en plein air et improviser un festin aussi généreux que ceux qu'il inventait pour ses créatures. Sous le regard de Yemanja, la déesse afro-brésilienne des eaux, cette fête des sens mêlant la magie, l'amour, le rêve et la transe nous plongerait dans l'univers de ses livres, grouillant de personnages familiers : *Bahia de tous les saints, Gabriela, girofle et cannelle, La Boutique aux miracles.* S'il est vrai que la cuisine bahianaise est l'une des plus inventives du Brésil, l'œuvre de Jorge Amado en est le conservatoire. En associant l'huile de palme des esclaves africains, le manioc des natifs amérindiens et l'huile d'olive des colons portugais, cette cuisine témoigne de la rencontre des trois races dont le mélange a donné naissance à la nation brésilienne. Autant que le *futebol* et le carnaval, elle est une pierre angulaire de l'identité nationale. Même dans ses romans les plus marqués par son engagement communiste, Jorge Amado n'oublie jamais de consoler ses personnages de leurs douleurs avec des plats choisis de la terre aux fruits d'or : crabes farcis et petits bars frits, *bolinho de bacalhau*, *moqueca* de poissons, pécari rôti entier dont la chair "a une saveur de forêt vierge et de liberté".

Né le 10 août 1912 dans une plantation de cacao d'Itabuna, dans l'Etat de Bahia, élevé chez les jésuites de Salvador où il acquit une solide connaissance de la littérature classique de langue portugaise, Jorge Amado avait dix-neuf ans au moment de la publication du *Pays de carnaval*, son premier livre. Très engagé à gauche à ses débuts, le romancier a mis un peu de temps à faire de la place à l'humour et à la gourmandise dans ses romans. Cela aurait parasité le tableau réaliste-socialiste qu'il voulait donner de la faim, de la sécheresse impitoyable et de la misère dans le Nordeste à travers ses premiers livres. Ce contemporain d'André Malraux et de William Faulkner entendait produire une littérature de l'inquiétude. L'orgie de saveurs est venue après la Seconde Guerre mondiale, avec le goût de la rigolade – comme chez Rabelais dont Amado est un arrière-arrière-petit-fils brésilien assez convaincant. Dans *Les Pâtres de la nuit*, la *feijoada* dont se régalent les personnages de *Capitaines des sables* un jour fastueux cesse d'être un plat d'exception pour redevenir ce qu'elle est tous les samedis entre Recife et Porto Alegre : le plat national, partagé en famille à l'heure du déjeuner, accompagné de riz, de quartiers d'orange, de sauce piquante, de farine de manioc grillée et odorante… "La plantureuse *feijoada* cuisait dans deux grands bidons à essence : des kilos et des kilos de haricots noirs, de saucisse, de viande séchée au soleil, de viande fumée, de viande venue du Sertaõ, de viande fraîche de bœuf et de porc, des queues, des pieds de cochon, des côtes et du lard. Sans parler du riz, du jambon, du filet, du poulet à la sauce brune, de la farine de manioc"… A l'instar des personnages de Jorge Amado, il est permis d'accompagner ce festin bahianais de *cervejas bem geladas* et de tournées de *cachaça*.

FEIJOADA DES *PÂTRES DE LA NUIT*

Ce plat traditionnel brésilien n'est pas sans rappeler notre cassoulet toulousain ou montalbanais. Dans cette préparation pleine de saveur et de chaleur, on peut remplacer les morceaux de porc par d'autres viandes, mais toujours braisées. Attention à bien conserver dans les ingrédients la viande séchée ou boucanée pour l'arôme qu'elle donne à ce plat.

Pour 8 personnes
500 g de petits haricots noirs
250 g de filet de porc salé ou jarret
250 g de poitrine de veau crue
1 pied de porc, fumé si possible
1 langue de bœuf fumée
250 g de bœuf séché
250 g de saucisse de Toulouse
250 g de bœuf fumé
250 g de saucisson à cuire
250 g de lard fumé
Sel, poivre, piments
6 oignons
5 oranges
1/2 tête d'ail
1 poivron
10 cl de vinaigre
1 feuille de laurier
2 cuillères à soupe de concentré de tomates
1 cuillère à soupe de cumin
2 bouquets de menthe
1 botte de basilic
1 botte de ciboulette

Pour la sauce
5 piments forts
1/2 oignon
1/2 bouquet de coriandre
2 louches de jus de la *feijoada*

La veille, lavez les haricots noirs puis mettez-les à tremper dans une grande quantité d'eau. A part, mettez également à tremper la viande séchée et les viandes salées.

Le lendemain, émincez finement tous les légumes.

Egouttez les viandes salées et séchées.

Assaisonnez toutes les viandes de bon goût. Dans un grand faitout, faites fondre le lard fumé, faites revenir tous les légumes sans coloration, ajoutez les viandes ainsi que les haricots noirs, couvrez largement d'eau et ajoutez le laurier, le concentré de tomates, le cumin, le vinaigre ainsi qu'une botte de menthe, de basilic et de ciboulette, toutes les trois bien ficelées ensemble.

Portez à ébullition, vérifiez l'assaisonnement et laissez cuire ainsi à toute petite ébullition. La préparation doit rester couverte largement d'eau : en ajouter si nécessaire. Laissez cuire 1 h 30.

Pendant ce temps, préparez les oranges en rondelles. Réservez.

Emincez la botte de menthe restante. Réservez.

Réalisez la sauce en pilant les piments, bien écrasés dans un saladier ou un mortier. Ajoutez la coriandre et l'oignon, le tout haché très finement. Ajoutez deux louches (20 cl) du jus de cuisson de la *feijoada* et mettez cette sauce à bouillir dans une casserole. Vérifiez l'assaisonnement et passez le tout dans un petit mixeur. Transvasez dans une saucière.

Enlevez les viandes du faitout, coupez-les en tranches.

Dans un grand plat de service, disposez les haricots noirs avec un peu de jus de cuisson, les tranches de viandes sur le dessus, disposez régulièrement les rondelles d'orange, saupoudrez avec l'autre botte de menthe ciselée et servez accompagné de sauce.

Au Brésil, la *feijoada* est agrémentée de riz et de farine de manioc torréfiée avec des petits oignons et des raisins secs, la *farofa*.

Chambre 51

FRÉDÉRIC DARD, LE DÉGOURDI

Cervelle de canut sur son pain de campagne grillé
Poularde de Bresse en vessie façon Mère Brazier

Jamais nous ne nous lasserons de désespérer les snobs. Ils rêvent d'une littérature de cabinet, privilège exclusif d'une coterie d'avantageux ? Chantons les splendeurs des notices de médicaments, de la prose des boîtes de corn-flakes, des comptes rendus de *Paris-Turf*. Sans oublier les romans de gare, ces ornements du temps perdu mis en péril par les trains à grande vitesse. Les littérateurs qui se prennent pour Chateaubriand et conchient la Série noire doivent comprendre qu'il vaut mieux être grand sur le mode mineur que petit sur le mode majeur. Voyez Frédéric Dard (1921-2000), l'écrivain dont on déniche toujours un vieux San Antonio avec du sable entre les pages, oublié au second rayon de la bibliothèque, au fond d'un placard ou dans le tiroir d'une table de nuit, lorsqu'on s'installe dans une maison de famille. Quel plaisir de retrouver à l'improviste le commissaire San Antonio, son acolyte l'"hénaurme" Bérurier et le lamentable Pinaud... Que de fantaisie dans leurs aventures, que de beaujolais nouveau et de cochonnaille, que de grivoiseries, que de hardiesses, que d'improvisation, que de ressources... Et quels titres !... *Le Gala des emplumés, Turlutes gratos les jours fériés, En peignant la girafe*...

Mais faut-il parler de San Antonio ou de Frédéric Dard ? Ce dernier partage avec les grands créateurs le privilège de s'être effacé derrière sa créature. Né en Isère, généreuse terre de gastronomie où sa mère était restauratrice, cet écrivain est un ventriloque que sa marionnette a fini par détrôner. Au fil des années, San Antonio a tout doucement éclipsé Frédéric Dard, au point de faire son entrée dans le dictionnaire avant lui.

Dans *Le Petit Robert des noms propres*, c'est dans une notice consacrée à la créature qu'est évoqué le créateur... Les gracieux gendelettres dont le maigre talent s'étiole dans les cafés de Saint-Germain-des-Prés peuvent bien sourire : ils risquent d'attendre un peu de temps avant de voir leurs personnages honorés de cette manière.

"The recette ? demandait l'écrivain. Tu prends un cul bien propre, une bibitte vigourette, tu saupoudres de polissonnerie ingénieuse. Tu touilles avec de la marrade.

Ensuite tu ajoutes l'action..." On imagine que tant de légèreté exaspère les analphabètes gominés et les cancres savants qui confondent l'écrivain et le signe social qu'il peut accaparer. Frédéric Dard avait du métier de romancier une vision plus franche : gagner sa vie en racontant des histoires au lieu de faire les trois-huit. Enfant de Rabelais par les contrepèteries, de Céline par la ponctuation et de Simenon par l'intrigue, ce pourfendeur de la "connerie universelle" était aussi dégagé qu'il se peut. Politiquement, il ne la ramenait que pour énoncer des vérités trop rares : "La grandeur de la gauche, c'est de vouloir sauver les médiocres. Sa faiblesse, c'est qu'il y en a trop !" La France de Charles de Gaulle convenait à sa fantaisie, et surtout à sa gourmandise. C'était le temps de Fernand Point à Vienne, de Jean Ducloux à Tournus, de la Mère Brazier à Lyon, première femme chef honorée de trois macarons par le Michelin en 1933.

Toute une époque.

CERVELLE DE CANUT
SUR SON PAIN DE CAMPAGNE GRILLÉ

C'est le caviar lyonnais, l'amuse-bouche des bouchons. Son nom perpétue entre le Rhône et la Saône le souvenir des canuts, ces ouvriers de la soie dont l'insurrection sous le règne de Louis-Philippe fut noyée dans le sang par vingt mille soldats envoyés de Paris.

Pour 4 personnes
200 g de fromage blanc en faisselle au lait entier
1/2 botte de cerfeuil
1/2 botte de ciboulette
1/2 botte de persil
1 échalote
Sel, poivre
Huile d'olive
Vinaigre de vin vieux
20 cl de crème fraîche liquide
4 tranches d'un beau pain de campagne, par exemple celui que Fabrice Le Bourdat pétrit et fait cuire dans sa boulangerie le Blé Sucré, square Trousseau (12, rue Antoine-Vollon, 75012 Paris).

La veille, égouttez le fromage blanc.

Le jour de la préparation, coupez finement le cerfeuil, la ciboulette, le persil et l'échalote, mélangez au fromage blanc. Assaisonnez de sel, de poivre, d'huile d'olive et de vinaigre de vin vieux et ajoutez 10 cl de crème liquide. Puis, montez légèrement la même quantité de crème liquide en crème fouettée que vous incorporerez délicatement au fromage avec une spatule.

Il ne faut surtout pas lisser le fromage blanc.

Servez cette cervelle de canut bien fraîche avec quelques tranches d'un bon pain de campagne grillé

POULARDE DE BRESSE EN VESSIE FAÇON MÈRE BRAZIER

Voici un plat de tradition qui fait partie de mes sensations gustatives les plus marquées et l'un de mes plus beaux souvenirs. Mon ami Eric Frechon, le chef des cuisines du Bristol *à Paris, aime inscrire cette recette de caractère à sa carte. C'est une merveille indémodable désormais.*

Pour 4 personnes
1 poularde de Bresse de 1,6 kg vidée et bridée par votre volailler
1 vessie de porc que vous aurez commandée à l'avance à votre tripier ou à votre boucher
1/2 l de crème liquide
Vinaigre blanc
Sel, poivre
4 carottes épluchées
1 oignon entier
4 poireaux lavés et entiers
4 petits navets épluchés entiers
500 g d'abatis de volaille (ailerons)
1 anis étoilé
1 cuillère à café de coriandre
1 cuillère à café de poivre noir
Gros sel

La veille, mettez à dégager la vessie de porc dans de l'eau légèrement vinaigrée pendant 24 heures.

Dans une grande casserole, placez les abatis de volaille, mouillez abondamment et portez à ébullition. Ecumez soigneusement pour retirer les impuretés qui remontent à la surface. A ce moment-là, mettez tous les légumes, les épices et 1 cuillère à soupe de gros sel.

Laissez cuire à toute petite ébullition pendant 45 minutes. Egouttez soigneusement tous les légumes sur une plaque, couvrez d'un linge humide. Réservez. Faites cuire à nouveau votre bouillon pendant 30 minutes à toute petite ébullition. Filtrez à l'aide d'un chinois étamine ou d'une passoire à lait.

Réservez.

Assaisonnez votre volaille, placez-la dans la vessie de porc avec une grosse louche de bouillon et ficelez la vessie bien hermétiquement. Mettez-la dans une grande casserole recouverte du bouillon. Si besoin est, ajoutez de l'eau. Faites cuire tout doucement, à petite ébullition, pendant 55 minutes.

Pour réaliser la sauce, prenez 1 l de bouillon, faites-le réduire de deux tiers. Ajoutez la crème liquide et laissez réduire d'un tiers. Vérifiez l'assaisonnement et mettez tous les légumes à chauffer dedans, sans jamais faire bouillir, comme d'habitude.

Sortez délicatement la vessie du bouillon, déposez-la sur un plat de service. Elle aura gonflé comme une baudruche. Ouvrez la vessie devant vos invités, découpez la volaille comme un poulet rôti et servez accompagné des légumes et de la sauce.

L'effet produit par ce plat lyonnais est unique. Le plus remarquable, c'est le goût et la texture de votre volaille, merveilleux. Si vous ajoutez quelques morceaux de truffes dans la vessie, cela apportera un parfum supplémentaire à votre plat.

Chambre 52

PAUL-JEAN TOULET, L'ÉLÉGIAQUE

Garbure béarnaise
Croquignoles de Navarrenx
Granité d'ananas au jurançon 93

Né à Pau, en Béarn, mort à Guéthary, sur le rivage basque, Paul-Jean Toulet (1867-1920) a tracé de son berceau à sa tombe une route que nous referions volontiers à l'infini – et sans autre produit dopant que du jurançon. Amoureux du bleu léger des Pyrénées et des aubes pâles sur les prairies de Monein, le cher Toulet refusa la poésie prétentieuse et les vers tarabiscotés pour cultiver un lyrisme simple et mélancolique. Il n'aimait ni la République ni le romantisme, enfants du stupide XIXe siècle. Poète, il congédia les grandes orgues hugoliennes au profit de motifs proches de la vie : l'aubergette, la tonnelle fleurie, la table de bois blanc, la cruche d'eau claire et les jambons pendus. “Que tu es loin, mon beau septembre, / Loin comme le Pays, / Quand ses hanches, et le maïs / Etaient couleur de l'ambre." Chantre du Béarn "logique, harmonieux, aérien", Toulet s'imprégna de la culture du vieux comté et de ses paysages. Ses poèmes sont pleins de lièvres de Bigorre, de carnavals de l'Ossau, de poissons du gave, de garbures et de vins de Jurançon. "A Pau, les foires Saint-Martin, / C'est à la Haute Plante. / Des poulains, crinière volante, / Virent dans le crottin." Chez Toulet, chantre des soirs d'or sur les étangs bleus, le décor en poésie n'est plus un accessoire négligeable, c'est un langage nouveau. Avant Aragon, l'auteur des *Lettres à soi-même* eut l'ambition d'émouvoir ses contemporains avec des sentiments coutumiers, de ciseler de beaux vers français avec des mots de tous les jours. Précis dans ses effets, précieux dans ses tournures, ce royaliste goûtait les vieux mots : *avecque, sçavoir, stolidité, mélancholie*...

Mon amie Nane et *La Jeune Fille verte*, ses deux romans les plus réussis, sont un régal de tournures rares. Amateur de règles anciennes, virtuose de la rime, Paul-Jean Toulet fut aussi un grand novateur. Nous sommes quelques-uns à penser que les *Contrerimes* sont ce que nous avons eu de meilleur en poésie française au XXe siècle. Merveilles de perfection formelle, ces miniatures élégiaques sont formées de quatrains de huit et de six pieds dont les rimes s'embrassent, accordant des mètres différents. “D’une amitié passionnée / Vous me parlez encor / Azur, aérien décor / Montagne Pyrénée”. Toulet a travaillé ses poèmes avec un tel souci de beauté que ses *Contrerimes* n’ont paru qu’après sa mort. “Too late”, se serait amusé le poète anglophone, indiquant comme se prononce son nom du côté de Pau aux belles pierres.

Lorsque fut imprimée l’édition originale des *Contrerimes*, le 31 décembre 1920, leur auteur dormait depuis plusieurs mois à l’ombre de l’église Saint-Nicolas de Guéthary, dans une petite tombe blanche avec vue sur mer. Il avait passé ses dernières années à la villa Etcheberria, une maison de maître très peu basque malgré son nom, qui subsiste aujourd’hui, près du fronton. Oubliés amours, délices et drogues, le poète vécut son dernier été le cœur déchiré : “Ce n’est pas drôle de mourir / Et d’aimer tant de choses : / La nuit bleue et les matins roses, / Les fruits lents à mûrir.”

GARBURE BÉARNAISE

Plat traditionnel béarnais cuisiné le plus souvent dans la cheminée. Ce plat a la particularité de servir d’entrée (la soupe) et de plat (les viandes). Recette très courante dans les fermes et montagnes de mon Béarn natal.

Pour 8 personnes
1 chou vert
3 poireaux
200 g de haricots maïs béarnais frais
4 carottes
250 g de pommes de terre
1 brin de thym
Ail
1 feuille de laurier
3 oignons
1 vieil os de jambon ou couenne
2 cuisses de confit de canard
Graisse d'oie
1 jarret de porc demi-sel
Sel, poivre et piments
Pain de campagne sec
Ossau-iraty ou emmental rapé

Prenez une grande marmite profonde, mettez-y 2 à 3 cuillères à soupe de graisse d'oie, faites revenir l'oignon émincé et l'ail épluché, sans faire colorer. Ajoutez les carottes, les poireaux coupés en morceaux et faites suer tout doucement.

Mouillez fortement et portez à petite ébullition puis ajoutez le thym et le laurier. Assaisonnez de sel, poivre et piments. Ajoutez l'os de jambon ou la couenne et le jarret de porc. Laissez ainsi cuire 1 heure à feu doux. Ajoutez à ce moment-là le chou coupé en six, les patates coupées en gros cubes et les haricots maïs frais. S'ils sont secs, vous les aurez fait tremper 24 heures à l'avance. Faites cuire à nouveau 1 heure et ajoutez le confit de canard et laissez compoter à petit feu une bonne heure. La garbure est prête lorsque vous pouvez planter une spatule en bois dedans et qu'elle tient toute seule. Ce plat de paysans doit être consistant.

Dans un plat à gratin frotté à l'ail, remplissez de pain sec et recouvrez de bouillon de garbure, juste le jus, sans les légumes. Laissez le pain s'imprégner et recouvrez de fromage de brebis des Pyrénées râpé. Passez au four chaud de façon à gratiner.

Si besoin, ajoutez un peu d'eau à la garbure et laissez mijoter un petit peu. Servez dans une soupière le bouillon et les légumes, la viande à part, le tout accompagné du gratin. Lorsque vous avez fini de manger le bouillon, il est coutume chez nous, en vallée d'Ossau, de rincer son assiette encore tiède avec une rasade d'un bon vin de terroir, et de faire chabrot en la buvant sans délai.

CROQUIGNOLES DE NAVARRENX

*Ce petit biscuit a été une des très grandes spécialités de la pâtisserie française. Les plus réputées sont celles de Navarrenx, le village natal de mon père. Ma grand-mère y tenait l'*Hôtel du Commerce. *Cuisinière d'exception, c'était la reine des croquignoles. Cette recette me vient d'elle.*

Ingrédients
500 g de farine
500 g de sucre glace
7 blancs d'œufs
1 zeste de citron
4 gouttes de vanille liquide
1 cuillère à soupe d'eau-de-vie

Dans un batteur ou une cuve si vous le faites à la main, montez les blancs en neige avec le sucre glace, puis incorporez la farine tamisée et le reste des ingrédients.

A l'aide d'une poche à pâtisserie (si vous n'en avez pas, vous pouvez réaliser cette opération avec une cuillère, les formes seront moins régulières), disposez sur une feuille de papier sulfurisé beurrée différentes formes d'appareil, mais toutes de la même taille pour la cuisson. Laissez sécher 1 heure et cuire au four à chaleur moyenne (thermostat 3 à 4), pendant 55 minutes à 1 heure.

Laissez refroidir et conservez dans un endroit sec dans des boîtes hermétiques. Ces petits biscuits accompagneront idéalement glaces et sorbets, café ou, à quatre heures, un bon chocolat bien chaud.

GRANITÉ D'ANANAS AU JURANÇON 93

Les granités jouent le même rôle que les sorbets. On doit éviter de travailler le sirop en le glaçant, ce qui le décompose. Quand il est congelé, il doit former une masse légèrement granulée. Le millésime du jurançon est un clin d'œil à un célèbre vers de Toulet : "Un jurançon 93 / Aux couleurs du maïs / Et ma mie et l'air du pays..."

Pour 4 personnes
250 g d'ananas bien mûr de bonne qualité, style Victoria
150 g d'eau minérale
45 g de sucre semoule
50 cl de jurançon doux, Clos Uroulat, Charles Hours

Mettez le sucre dans la casserole bien propre (très important), caramélisez-le à sec puis ajoutez l'eau minérale chaude et les morceaux d'ananas qui ont été pelés et lavés.

Faites cuire deux minutes, passez le tout au mixeur et filtrez le jus à la passoire à lait ou au chinois étamine sans exercer de pression. Laissez refroidir et ajoutez le jurançon.

Congelez cette préparation dans une plaque (le jus ne doit pas avoir une profondeur de plus de 1,5 cm à 2 cm.)

Au moment de servir, sortez la plaque du congélateur, laissez 1 minute à température ambiante. A l'aide d'une cuillère, travaillez le granité en grattant la surface jusqu'à obtention de la texture givrée du granité.

Servez dans des verres ou coupes qui doivent être givrés après avoir passé 15 à 20 minutes au congélateur.

Chambre 54

MME DE SÉVIGNÉ

Petits pois de M. de La Quintinie

Précieuse, capricieuse, délicieuse, Mme de Sévigné (1626-1696) veut trouver à table "les goûts les plus justes". Avec les délicats de son temps, elle aime qu'un cuisiner sache accorder le raffiné et le naturel. Contemporaine de Vatel et de La Varenne, elle fait de "l'art de bien traiter" une discipline majeure. Au siècle de Boileau, un repas ridicule est une mésaventure. Mme de Sévigné en a connu quelques-unes. "Les potages n'étaient que de l'eau bouillie, de toute la viande qu'on servit, il n'y avait rien qui fût vivant, quand nous étions arrivés le pain était frais et il n'était pas cuit, le vin était aigre et trouble..." écrit-elle au sortir d'un repas manqué. Le style de la marquise n'est cependant jamais autant lui-même que pour dire l'avantage d'un dîner réussi, avec ce goût de l'accumulation que Marcel

Proust nommera "le côté Dostoïevski" des *Lettres* de Mme de Sévigné. "Je n'ai point vu une meilleure chère, ni plus polie, ni plus magnifique, ni plus propre, ni de meilleurs officiers", écrit-elle à sa fille au sortir d'un souper de rêve. Bavarde magnifique, Mme de Sévigné est un témoin majeur des modes culinaires du Grand Siècle. En Bretagne, à Paris, à Versailles, en Bourgogne, en Provence, elle goûte, note, raconte. A propos du café, du chocolat, du riz, du melon ou du vin que boivent les Bretons, elle laisse libre cours à son inspiration épistolaire, moquant les uns, vantant les autres. Ici, elle dit son dégoût des festins trop riches. "La bonne chère est excessive ; on reporte les plats de rôti comme si on n'y avait pas touché." Là, elle s'interroge sur les effets du café qui échauffe l'esprit au sortir de la messe. "Ah ! ma fille, que puis-je dire là-dessus ? et que sais-je ce que je dis ? On blâme quelquefois ce qui serait bon, on choisit ce qui est mauvais, on marche en aveugle…" A la cour, la marquise observe avec malice les goûts en matière de légumes. "Le chapitre des pois dure toujours ; l'impatience d'en manger, le plaisir d'en avoir mangé, et la joie d'en manger encore sont les trois points que nos princes traitent depuis quatre jours." A Saulieu, elle fait le repas le plus mémorable de sa vie, le dimanche 29 août 1677, longtemps avant Alexandre Dumaine et Bernard Loiseau. Le petit matin est émouvant, mais difficile. "Adieu l'eau de Vichy !" s'amuse M. de Guitaut, châtelain d'Epoisses, qui l'accompagne. "On boit, et puis on boit encore, et on se trouve avec une gaieté extraordinaire", expliquera la marquise confondue à sa fille. Mme de Sévigné connaît des aubes moins triomphantes. Ainsi le 24 avril 1671, après la disparition tragique du plus grand cuisinier de sa date. "Vatel, le grand Vatel, maître d'hôtel de M. Fouquet, qui l'était présentement de M. le Prince, cet homme d'une capacité distinguée de toutes les autres, dont la bonne tête était capable de soutenir tous les soins d'un Etat ; cet homme donc que je connaissais, voyant à huit heures, ce matin, que la marée n'était point arrivée, n'a pu souffrir l'affront qu'il a vu qui l'allait accabler, et en un mot, il s'est poignardé."

C'est que l'art de bien traiter est une affaire d'honneur.

PETITS POIS DE M. DE LA QUINTINIE

Comme l'indique Jean-Baptiste de La Quintinie, jardinier en chef de Louis XIV, dans son Instruction pour les jardins fruitiers et potagers, *les petits pois cultivés en pleine campagne ont différentes caractéristiques. "Il en est de plusieurs espèces, savoir de hâtifs, de verts, de blancs, de carrés, autrement à grosse cosse, etc." Depuis le XVII*e *siècle, où le* *cuisinier Vatel et ses compagnons les mirent à la mode, la tradition gastronomique a donné aux différentes variétés des noms décoratifs. Ils sont tous aussi succulents les uns que les autres, mais exigent beaucoup d'attention et une cuisson parfaite pour garder toute leurs qualités gustatives.*

Pour 4 personnes
1 kg de petits pois dits Téléphone écossés
1 laitue coupée en quatre bien lavée
12 oignons nouveaux épluchés et lavés
400 g de lard paysan cuit et coupé en lardons
Sel, poivre, sucre, bouquet garni, beurre

Plongez les petits pois dans une bassine d'eau glacée. Remplissez une casserole d'eau salée que vous porterez à ébullition. Egouttez ensuite les petits pois et mettez-les à cuire à feu moyen dans l'eau salée, 6 à 7 minutes. Pour qu'ils restent légèrement croquants, il faut les égoutter rapidement, toujours dans de l'eau glacée. A part, conservez 1 l de cuisson des petits pois. Lorsque les petits pois sont bien égouttés et bien froids, mettez-les dans un saladier au réfrigérateur, couverts d'un papier film, ou d'un papier absorbant.

Dans une sauteuse, faites revenir le lard avec une noix de beurre, ajoutez la laitue et les oignons. Mouillez juste à hauteur avec le bouillon de cuisson des petits pois. Ajoutez une pincée de sucre, 1 cuillère à café de beurre et le bouquet garni. Laissez cuire à petite ébullition pendant 20 minutes ; à ce moment-là, retirez le bouquet garni. Ajoutez alors les petits pois et, tout en chauffant délicatement, ajoutez une cuillère à soupe de beurre.

Vérifiez l'assaisonnement, n'hésitez pas à donner un bon coup de moulin à poivre. Servez ainsi. Vous pouvez utiliser cette préparation en garniture de viande blanche ou comme entrée, en rajoutant par exemple quelques pointes d'asperges.

Chambre 56

MARCEL AYMÉ, LE MOQUEUR

Cochon en valise

"Si les œuvres de Rabelais, écrivait Marcel Aymé (1902-1967), au lieu d'être à peine entrouvertes par les écoliers et d'une façon à les en éloigner, constituaient l'une des colonnes de l'enseignement à tous les degrés, elles seraient évidemment familières à un vaste public. Autant dire que les malheureux frappés d'imbécillité congénitale seraient seuls à les méconnaître. Imaginons ce que serait notre pays recevant cette formation salubre, joyeuse, et vivant sa vie d'adulte dans la familiarité d'un écrivain de cette ampleur..." Qu'il nous soit permis de prolonger cette rêverie en songeant aux bienfaits que procurerait la lecture publique, laïque, gratuite et universelle des *Contes du Chat perché*, de *La Jument verte* et du *Vin de Paris*. L'art d'Aymé tous les matins, tous les jours, dans toutes les écoles de

France. Trois millions d'écoliers tétant ce lait sacré au lieu des cours de civisme gnangnan pour entrer dans la familiarité de Delphine et Marinette, héroïnes malicieuses d'un monde où les animaux parlent, de Léopold, le patron de café d'*Uranus* déclamant des vers de Racine, de Dutilleul, l'employé au ministère de l'Enregistrement se découvrant des dons de passe-muraille, et de Grandgil, le peintre farceur de *Traversée de Paris* hurlant : "Jamblier, 45 rue de Poliveau !" Tout porte à croire que le moral du vieux pays, lancé dans le commerce comme un puritain émancipé dans la pornographie, s'en porterait bien mieux.

On ne relira jamais trop souvent Marcel Aymé. Moraliste au sourire légèrement amer, ce saint de vitrail en complet veston est un compagnon choisi pour les cœurs sombres accablés par les maladies de l'intelligence, les ravages de la bêtise et ce qu'il a appelé le confort intellectuel. Spécialiste du contre-pied, du contre-appel et de la contre mesure, ce natif du Jura devenu un paysan du village de Montmartre est un prince de la pointe sèche. Son attachement à l'esprit d'enfance et son goût du merveilleux lui permettent de toucher sans faute aux aberrations du monstre froid que Platon appelait le Gros Animal social. Dans ses neuf recueils de nouvelles qui, mieux que ses romans ou ses pièces de théâtre, s'attachent notre faveur, Marcel Aymé a tiré de son imagination une série de personnages inoubliables : Martin, le nain du cirque Barnaboum qui se met à grandir l'année de ses trente-cinq ans, un vigneron d'Arbois qui n'aime pas le vin, le coquin Jamblier et ses jambons, Martin, un habitant de Montmartre qui n'existe qu'un jour sur deux, Sabine, qui possède le don d'ubiquité, Duperrier, le meilleur chrétien de la rue Gabrielle si charitable et si juste que Dieu lui a ceint la tête d'une auréole "qui ne le quittait ni jour, ni nuit"…

On s'appelle souvent Martin dans les nouvelles de Marcel Aymé. Révoquant les actes de foi et les vérités définitives préparant toutes les épurations, l'écrivain s'est voulu le témoin de M. Tout-le-Monde, de l'homme ordinaire des démocraties laïques désemparé lorsque l'extraordinaire surgit dans sa vie simplifiée : la beauté, l'amour, la gloire, la vérité, l'histoire, la grâce.

COCHON EN VALISE

Comment, d'un simple ragoût, faire un plat original ? Ce cochon en valise est tout désigné si vous êtes invités chez des amis et que vous êtes en charge du plat. Voici l'idée littéraire et gourmande parfaite : ce cochon en valise pourra traverser Paris pendant que vous crierez "Jamblier, 45 rue de Poliveau", sans se renverser ni tomber entre les mains des Fridolins.

Pour 6 personnes
12 joues de porcelet
2 oreilles de cochon
2 pieds de cochon
400 g de poitrine fraîche (lard)
3 carottes lavées
1 bouquet garni (thym, laurier, vert de poireau)
1 oignon épluché et lavé
1 branche de céleri lavée
3 gousses d'ail épluchées
1 clou de girofle
5 grains de genièvre
1 anis étoilé (badiane)
500 g de lentilles vertes du Puy
1 carotte lavée
1 oignon haché
Sel fin, poivre du moulin
200 g de cerfeuil haché

Pour la pâte à repère
400 g de farine
5 blancs d'œufs
100 g de gros sel

Dans une marmite assez profonde, placez les joues, les oreilles, les pieds et le lard coupé en quatre. Recouvrez d'eau.

Portez à ébullition, sortez les viandes, rafraîchissez-les sous l'eau froide, égouttez-les, remettez-les dans la marmite que vous aurez vidée de sa première eau de cuisson, recouvrez-les d'une nouvelle eau froide puis ajoutez les carottes, l'oignon, le céleri, l'ail et le bouquet garni. Salez et poivrez.

Ajoutez le clou de girofle, la badiane et les grains de genièvre. Portez à ébullition puis laissez cuire 2 heures à petit bouillon.

Réservez.

Dans une casserole, mettez les lentilles, la carotte, l'oignon haché et le bouquet garni. Recouvrez avec de l'eau à hauteur et laissez cuire à petite ébullition pendant 25 minutes.

Vérifiez l'assaisonnement et réservez.

Préparation de la pâte à repère. Mélangez dans un saladier la farine avec les blancs d'œufs et le gros sel.

Réalisez une pâte homogène. Attention cependant à ne pas trop la travailler. Réservez-la au frais pendant 1 heure.

Lorsque tout est cuit, sortez les pieds de cochon, le lard, les oreilles, les joues et les légumes de leur bouillon. Réservez le bouillon que vous pourrez réutiliser. Coupez les pieds de cochon en petits morceaux et les oreilles en fines lanières. Mêlez les morceaux de viande et les légumes avec les lentilles en ayant pris soin de retirer le bouquet garni et disposez ce ragoût dans un faitout en fonte avec un couvercle. Réservez l'ensemble au frais.

Sur une table appropriée, réalisez un boudin de la taille de la circonférence de votre marmite en fonte. Prenez votre marmite, badigeonnez d'œufs battus le bord du couvercle ainsi que le haut de la marmite. Réalisez cette opération avec le couvercle sur la marmite et disposez soigneusement votre boudin de pâte tout autour, juste à l'intersection du couvercle et de la marmite, en prenant bien soin de réaliser une fermeture hermétique.

A l'aide d'un pinceau, badigeonnez votre boudin d'œuf battu et mettez votre marmite au frais.

Vous pouvez emmenez votre marmite chez vos amis. En arrivant, chauffez le four à thermostat 5 à 6 et placez-y votre marmite 40 minutes. Présentez ainsi la marmite à table et ouvrez le couvercle avec un couteau. La surprise est assurée.

Un plat digne de la grande gastronomie française !

Si vous voulez encore faire plus d'effet, avant de sceller votre marmite avec la pâte à repère, glissez quelques morceaux de truffe noire qui parfumera du coup votre plat et la salle à manger.

Chambre 58

MARGUERITE DE NAVARRE, L'EXTATIQUE

Tarte apéritive de baptême béarnais
Poule au pot façon grand-mère
Milhassou

Elle naît l'année où prend fin le Moyen Age. A l'énoncé de son nom, on ne peut s'empêcher de saluer l'ombre de son grand oncle, Charles d'Orléans, prince du sang capturé à la bataille d'Azincourt. En Angleterre, le poète chevalier avait connu vingt-cinq années d'ennuyeuse tristesse. De retour en France, il s'installa à Blois et acclimata sur les bords de la Loire une doctrine de la *fine amor* dont se souviendra sa petite-nièce Marguerite (1492-1549). D'Angoulême par sa naissance, de Valois par son lignage, de Navarre par son mariage, elle fut une de ces femmes de tête comme l'Ancien Régime en a laissé de beaux exemples. A vingt ans, elle sait le latin, l'italien, l'espagnol, a étudié la philosophie et connaît l'histoire sainte.

A trente-cinq ans, lorsqu'elle épouse Henri d'Albret à Pau, c'est une femme précédée d'une avantageuse réputation, amie des poètes et des humanistes, qui devient reine de Navarre. Avec ce mariage, un vaste territoire étendu des rives de la Garonne aux contreforts de la montagne Pyrénée est rassemblé sous une même autorité. C'est ainsi qu'Albret, Béarn, Foix, Armagnac, Astarac, Pardiac et Bigorre deviennent des foyers actifs de la première Renaissance française. A Paris, les docteurs de la Sorbonne poursuivent les poètes pour hérésie et rêvent de les condamner au bûcher. A Nérac, joli village de notre Lot-et-Garonne, la princesse humaniste a établi sa cour. "Un asile plus doux que la liberté" est offert à Clément Marot. Sur les rives de la Blaise, s'attarderont tour à tour Lefèvre d'Etaples, le traducteur de la Bible, Jean Calvin, Agrippa d'Aubigné et Michel de Montaigne. On ne voit point Rabelais, facétieux chrétien qui enseigne la médecine à Montpellier sous les applaudissements. Mais nul ne l'oublie. "Tout grand esprit a les yeux ouverts sur cet homme", écrit Théodore de Brèze, un humaniste dont on peut toujours voir la maison à Nérac, rue Pusoque. En 1546, avant-dernière année du règne de François Ier, Rabelais dédicace son *Tiers Livre* à "l'esprit abstrait, ravi et extatique" de la reine de Navarre. Marguerite a cinquante-sept ans. Oubliées les fêtes des premières années de son règne au château de Pau dont elle a enjolivé l'architecture et les jardins, la petite-nièce de Charles d'Orléans compose des poèmes religieux, qui seront rassemblés dans les *Marguerites de la Marguerite des princesses*. Elle rédige également des comédies, des méditations pieuses prêchant l'unique salut par la grâce, et un ensemble de contes moraux rassemblés sous le titre *L'Heptaméron*, pur témoignage du platonisme français de la Renaissance. Douce, fine et subtile, Marguerite rend l'âme quatre années avant la naissance à Pau de son petit-fils, qu'Henri d'Albret baptisera à la béarnaise, en lui frottant la bouche avec de l'ail et en lui faisant boire une rasade de jurançon. Entré à Paris en 1589, *Lou Nouste Henric* annexera le Très-Chrétien Royaume au Béarn en devenant Henri IV, roi de France et de Navarre.

TARTE APÉRITIVE DE BAPTÊME BÉARNAIS

Tradition béarnaise pour les invités d'un baptême. Clin d'œil au jeune Henri IV, cette tarte me semble la nourriture distinguée d'un paysan endimanché pour les fêtes de Monein.

Pour 4 personnes
15 gousses d'ail épluchées auxquelles on aura ôté les germes.
10 cl de jurançon sec "Clos Marie" de mon pays Charles Hours

1 cuillerée à café de graisse de canard
45 g de farine
20 cl de crème épaisse
4 œufs
Muscade
Sel et poivre

Pour la pâte brisée
300 g de farine tamisée
150 g de beurre en pommade
1 œuf
1 pincée de sel

Pour la pâte : Mélangez sans excès les ingrédients dans l'ordre. Cette préparation peut se préparer la veille ; sinon, laissez une bonne heure de repos.

Coupez l'ail en fines lamelles. Faites-les suer dans une cocotte avec la graisse de canard. Mouillez avec le vin blanc et autant d'eau. Assaisonnez de sel et de poivre et laissez cuire à petit feu jusqu'au moment où il ne reste plus de liquide. Réservez.

Garnissez un moule avec la pâte brisée en prenant soin de l'étaler le plus régulièrement possible. Recouvrez l'intérieur d'une feuille de papier aluminium, et remplissez avec des haricots secs. Faites cuire au four, thermostat 5 à 6, 25 minutes. Retirez et laissez refroidir. Retirez la feuille d'aluminium et les haricots et réservez.

Dans un saladier, délayez la farine avec la crème épaisse et les œufs ; mélangez longuement. Salez et poivrez et ajoutez une râpée de noix muscade. Versez dans ce mélange l'ail cuit, mélangez délicatement. Versez dans le fond de tarte précuit et cuisez à four doux, thermostat 4 à 5, 40 minutes.

Servez tiède, accompagné d'une petite salade de pissenlits et du reste de la bouteille de jurançon sec.

POULE AU POT FAÇON GRAND-MÈRE

Le plat traditionnel et historique béarnais. Notre bon roi Henri IV voulait qu'il soit servi tous les dimanches sur toutes les tables du vieux comté. C'est resté une tradition. On se réunit en famille dans les vallées d'Aspe et d'Ossau pour se régaler de ce plat chaud en saveur. Il n'est pas rare qu'en fin de repas on boive à la régalade. Une fois que vous aurez réalisé ce plat, il ne vous restera donc plus qu'à faire bombance à la béarnaise !

Adishat !

Pour 4 personnes
1 poule fermière
200 g de riz
100 g de pain sec
2 œufs
15 cl de crème épaisse
Lait
200 g de chair à saucisse
1 gousse d'ail hachée
1 oignon haché

1/4 de botte de persil haché
Thym, laurier
1 bouquet garni
4 carottes
4 poireaux
2 oignons
1/2 botte de céleri-rave
Piment, 1 anis étoilé, 1 clou de girofle, 3 grains de genièvre, 5 grains de poivre noir
Sel et poivre
200 g de vermicelle ou de perles du Japon
Graisse de confit de canard

Faites tremper le pain dans du lait. Faites cuire le riz dans de l'eau bouillante salée. Dans une russe (grande casserole), faites revenir l'ail et l'oignon avec la graisse de canard, ajoutez la chair à saucisse et le persil haché, faites suer 2 à 3 minutes, assaisonnez de sel, poivre et piment d'Espelette. Mettez tout ça dans une grande bassine ou un saladier. Egouttez légèrement le pain et mélangez-le à la chair à saucisse. Ensuite ajoutez le riz.

Videz votre poule (ou demandez à votre marchand de volaille de réaliser cette opération), récupérez le cœur et le foie ainsi que la graisse qui doit être bien jaune, mais pas le gésier.

Coupez le foie, le cœur et la graisse en petits morceaux et ajoutez le tout à votre farce ainsi que les œufs et la crème épaisse.

Prenez votre poule, faites-la soigneusement flamber, en retirant bien tout le duvet et les plumes existantes. Par l'arrière, farcissez-la avec la préparation à base d'abats. A l'aide d'une aiguille à brides et de la ficelle de boucher, refermez l'arrière de la poule, cette opération est délicate mais facile à réaliser. Essayez de redonner la forme de base de votre volaille. Réservez au frais au moins 1 heure.

Pendant ce temps, préparez les légumes de cuisson. Prenez les oignons entiers non épluchés, coupez-les en deux dans le sens de la largeur, prenez une poêle. Mettez une feuille de papier aluminium sur le fond, disposez à plat côté chair, les 4 demi-oignons et mettez à chauffer sur un gaz. Vous devez arriver à brûler la face des oignons : c'est grâce à cette opération que vous allez donner de la couleur à votre plat, puis réservez.

Epluchez et lavez les carottes, les poireaux et le céleri-rave.

Prenez une grande marmite, disposez dedans la poule, mouillez d'eau, de façon à ce que la poule soit largement recouverte, et portez à ébullition. Lorsque commence l'ébullition, ralentissez-la au maximum et, à l'aide d'une écumoire ou d'une petite louche, retirez toutes les impuretés qui remontent à la surface.

A ce moment-là, ajoutez tous les légumes ainsi que les oignons brûlés, plus les épices, le clou de girofle, l'anis étoilé, les grains de genièvre, les grains de poivre noir et une cuillère à soupe de graisse de canard. Assaisonnez de sel et piment d'Espelette et laissez cuire à toute petite ébullition pendant 1 heure.

A ce moment-là, retirez délicatement de la cuisson les carottes, les poireaux et le céleri-rave. Débarrassez-les sur une plaque et recouvrez-les d'un linge humide ou d'un papier film. Réservez.

Laissez à nouveau cuire votre poule 1 heure de plus.

Pendant les opérations détaillées plus haut, si la marmite venait à manquer de cuisson, c'est-à-dire si la poule n'était plus recouverte de bouillon, n'hésitez pas à ajouter de l'eau.

Retirez du feu et laissez refroidir ainsi dans un endroit sec loin de toute source de chaleur. Lorsque la poule est tiède, retirez-la de la cuisson et couvrez-la d'un linge humide.

Réservez.

Filtrez délicatement le bouillon en le passant au chinois étamine ou à la passoire à lait. Attention à bien filtrer le fond de la casserole car c'est là que toutes les impuretés se sont réfugiées.

Récupérer 1 l de bouillon, le porter à ébullition, et y mettre à cuire le vermicelle ou les perles du Japon. Puis réservez au frais.

Prenez une belle marmite en fonte ou en terre céramique qui doit bien résister au chaud. Versez le bouillon restant, ajoutez les légumes (carottes, céleri, poireaux).

Prenez la poule que vous allez déficeler délicatement, ensuite vous pourrez la tailler en différents morceaux, les blancs en filets, les cuisses en deux, les ailes en deux, comme un poulet rôti.

Récupérez à l'intérieur la farce et ajoutez la farce et un peu de chair de poule au bouillon et aux légumes. Assaisonnez légèrement de fleur de sel et poivre du moulin, réchauffez tout doucement sans jamais porter à ébullition, évidemment, et servez ainsi accompagné d'une soupière de bouillon de vermicelle.

MILHASSOU

Vous retrouverez cette recette si un jour vous vous promenez du côté de Laas, superbe petit village béarnais. Elle est écrite sur les murs de la mairie, qui est l'ancienne maison de mon grand-père paternel.

Pour 4 personnes
1/2 l de lait
125 g de farine de maïs
125 g de beurre en pommade
125 g de sucre
4 œufs
1 pincée de sel
2 cuillères à soupe de fleur d'oranger

Portez le lait à ébullition. Versez en pluie la farine de maïs tout en remuant. Ajoutez le beurre en pommade, puis le sucre. Battez énergiquement. Ajoutez les œufs, le sel et la fleur d'oranger.

Beurrez un moule à gâteau de 17 cm de diamètre et 2 à 3 cm de hauteur, versez l'appareil dedans et enfourner 3/4 d'heure à 180 °C.

Si vous le désirez, aux trois quarts de la cuisson, piquez des framboises et terminez la cuisson.

Laissez refroidir et servez. C'est un régal !

Chambre 60

CASANOVA

Huîtres au champagne gratinées
Chocolat chaud à la vénitienne

Il fut une époque, avant le déluge, où le jeune Mozart venait assister à la messe à Versailles comme au centre du monde, Charles-Joseph, prince de ligne, parlait français dans le clair-obscur des boudoirs à Dresde, Berlin, Vienne, Prague, Belgrade et Saint-Pétersbourg, et Giacomo Casanova de Seingalt (1725-1798), citoyen de Venise exilé en Bohême, avait naturellement élu la langue gaie et brillante de Voltaire pour raconter l'histoire de sa vie.

Casanova, dites-vous ? On le sait aventurier, espion, musicien, libertin, affairiste, comploteur, franc-maçon, bibliothécaire, charlatan, diplomate, amoureux, scandaleux et voyageur. On rapporte avec émerveillement son évasion de la prison de Venise, le 1er novembre 1756. Agé de trente ans et des poussières, Casanova avait été incarcéré *sotto i piombi*, sous les plombs, pour pratiques magiques. Parmi les ouvrages d'Aristote, d'Horace et de Pétrarque saisis par les archers vénitiens le jour de son arrestation, *Messier Grande*, le chef des sbires, avait trouvé un volume de l'Arétin contenant des gravures lubriques et un traité reproduisant les conjurations nécessaires pour avoir un colloque avec les démons…

Spectateur immobile d'un monde conçu comme objet de conquête, chantre voluptueux d'une diététique de l'excès, amant des filles cachées sous le masque et des marquises impudiques, Casanova cultivait le plaisir aristocratique de déplaire. Evadé, il hantera pendant quatre décennies toutes les cours européennes.

Mais laissons les gravures, les anecdotes et les légendes pour lire le vif, le plaisant, le bondissant, le clair, le glorieux Giacomo Girolamo Casanova de Seingalt dans ses Mémoires pleins d'intrigues, de périls, de ressources, de soupers fins, de jolies femmes et de clairs de lune. "Cultiver le plaisir de mes sens fut dans toute ma vie ma principale affaire ; je n'en ai jamais eu de plus importante. Me sentant né pour le sexe différent du mien, je l'ai toujours aimé, et je m'en suis fait aimer autant que j'ai pu. J'ai aussi aimé la bonne table avec transport." L'*Histoire de ma vie*, dont il a fallu attendre un siècle et demi l'édition complète, a été composée après que l'orage révolutionnaire eut sonné le glas du vieux monde à Paris. Témoin des anciennes mœurs abolies par les guillotines de la Terreur, Casanova se souvient des péripéties de sa vie, quand il arrivait encore à la poésie de faire tourner la terre… "L'histoire de mon voyage de Gênes à Marseille était écrite dans le grand livre de la destinée. Ne l'ayant pas lu, je ne pouvais pas en savoir les circonstances. Je ne savais autre chose sinon que je devais partir"… L'aventurier vole ainsi de ville en ville, de femme en femme et de ris en danseries, sans s'arrêter à forger des considérations générales. Changer le monde ? Plutôt en jouir. Casanova, qui a entendu le monstre taper au carreau de l'auberge, est un homme pressé. Mais quand vient l'heure d'une moralité, sa touche est sûre. "Rien n'est plus certain que ceci : une fille dévote ressent, quand elle fait avec son amant l'œuvre de chair, cent fois plus de plaisir qu'une autre exempte du préjugé"… La dernière conquête évoquée par l'écrivain dans ses Mémoires, peut-être la plus émouvante, est une jolie juive d'Ancône qu'il appelle Lia. "J'ai vu sur la belle figure de Lia le symptôme extraordinaire d'une douleur délicieuse, et j'ai senti dans sa première extase tout son individu tremblant de l'excessive volupté qui l'inondait."

Ainsi vécut Casanova, écrivain de langue française né à Venise le 2 février 1725, mort au château de Dux, en Bohême, le 4 juin 1798.

HUÎTRES GRATINÉES AU CHAMPAGNE

L'huître est un hors-d'œuvre délicat et bienfaisant. Si riche et raffiné que rien ne vaut, pour le véritable amateur, l'huître crue, nature, rigoureusement fraîche, accompagnée simplement d'un tour de moulin à poivre. Voici cependant une façon de les servir chaudes en gardant une texture d'huître crue. C'était une des grandes spécialités du restaurant La Marée, *probablement le meilleur restaurant de poisson de Paris, où j'ai travaillé trois ans sous la direction du chef Gérard Rouillard.*

Pour 4 personnes
24 pièces d'huîtres ouvertes délicatement. Choisissez des huîtres d'un beau calibre et avec de la chair, style Gillardeau, Utah Beach, Tsarsakaya des Parcs Saint-Kerber à Cancale. Ou mieux encore des Belons 000 de chez Cadoret.
50 cl de champagne Brut Nature de chez Drappier
5 cl de Noilly Prat
15 cl de vin blanc
200 g de champignons de Paris, lavés et émincés
200 g d'échalotes émincées
100 g de beurre
Un bouquet garni fort en persil
Sel, poivre blanc moulu, piment d'Espelette
1 l de crème fleurette
Gros sel

Dans une casserole, faites suer, avec une cuillère à soupe de beurre, l'échalote et les champignons, ne donnez aucune coloration. Mettez le bouquet garni. Ajoutez le Noilly Prat et faites réduire à sec, puis ajoutez le vin blanc, faites réduire à sec, ajoutez le champagne et laissez réduire tout doucement des deux tiers.

Ajoutez 75 cl de crème fleurette, faites cuire 4 à 5 minutes. Vérifiez l'assaisonnement et ajoutez une pointe de piment d'Espelette.

Laissez cuire ainsi 2 à 3 minutes puis passez au chinois étamine ou à la passoire à lait en pressant fortement. Réservez au bord du fourneau ou dans un bain-marie tiède.

Prenez les 25 cl de crème restants, ils doivent être bien glacés, montez-les en chantilly non sucrée à l'aide d'un fouet, réservez au frais. Récupérez le jus des huîtres en les retournant dans un saladier. Il ne faut surtout pas détacher les huîtres.

Disposez les huîtres sur une plaque recouverte de gros sel, de façon à ce que les coquillages soient le plus à plat possible. Assaisonnez-les d'un tour de moulin à poivre. Réservez.

Filtrez votre jus d'huîtres et mettez-le dans votre sauce. Vous pouvez lui donner un coup d'ébullition et, si besoin est, la réduire de façon à ce que la sauce nappe bien le dos de votre cuillère lorsque vous la trempez. Allumez votre four position gril le plus fort possible. Hors du feu, mélangez vigoureusement les 25 cl de crème fleurette chantilly à votre sauce, puis remplissez chaque huître de cette sauce crémeuse. Il faut que le glaçage des huîtres soit réalisé très rapidement, en 1 à 2 minutes au maximum, car elles doivent être chaudes, mais pas cuites, de façon à garder leur fraîcheur. Passez au four, sous gril très chaud.

Servez les huîtres chaudes accompagnées d'un champagne vineux et non dosé, par exemple la cuvée Brut Nature de chez Drappier.

CHOCOLAT CHAUD A LA VÉNITIENNE

Le chocolat est un reconstituant actif. On lui prête même des propriétés aphrodisiaques. Pour réaliser un chocolat d'exception, préparez-le la veille dans une cafetière en faïence, et laissez-le reposer ainsi. Au cours de la nuit, votre préparation va acquérir un velouté qui la rendra bien meilleure. A Venise, j'ai eu droit à un conseil avisé du barman du Harry's Bar, *qui a ajouté 3 cuillères à café d'expresso dans mon chocolat. Ce fut une découverte surprenante et un pur délice !*

Pour 4 personnes
400 g de chocolat de bonne qualité. Vérifiez qu'un minimum de 50 % de cacao entre dans sa composition.
3/4 de litre de lait, frais de préférence

Dans une casserole tenue au chaud, mettez le chocolat en morceaux avec 1/4 de litre de lait, chaud lui aussi. Couvrez, faites ramollir, retirez du feu. Laissez ainsi 5 à 6 minutes.

A l'aide d'un fouet, réduisez le chocolat en pâte très lisse. Ajoutez d'abord un peu de lait très chaud pour bien délayer la pâte, puis le reste du liquide bouillant tout en continuant de mélanger, pour conserver tout son parfum au chocolat et surtout au cacao.

Attention, cette préparation ne doit jamais bouillir.

FRANÇOIS RABELAIS, LE PATRON

A la cave, Rabelais ! C'est là que tout commence, c'est là que tout finit, au terme du *Cinquième Livre*, lorsque la Dive Bouteille divulgue sa morale à Pantagruel et ses compagnons qui ont fait un long voyage pour arriver jusqu'à elle : *"Trinch !"* A la cave, donc, où Messire François attend ses lecteurs avec Grandgousier, Gargamelle et Gargantua, noble famille de géants dont les *"faictz et dicts héroïques"* illuminèrent le ciel de la Renaissance. A l'époque, la communication n'avait besoin ni de technologies de l'information ni de gadgets électroniques pour être active. Enfant de Chinon, Rabelais s'est beaucoup promené dans la France de son temps. Avec le cardinal Jean du Bellay, l'oncle de Joachim, il a même poussé jusqu'à Rome. En Touraine, en Poitou, en Saintonge, dans le Lyonnais et le Languedoc, il a collectionné les mots colorés dont il a orné ses livres. Son œuvre est un miroir du beau XVIe siècle, de ses foires, ses folklores, ses langages. Après son noviciat chez les franciscains du couvent de La Baumette, à Angers, Rabelais, a poursuivi ses humanités chez les cordeliers de Fontenay-le-Comte, où il s'est constitué un vaste patrimoine culinaire, œnologique, folklorique, ethnologique et linguistique. On l'a ensuite vu dans le Poitou, chez les franciscains où il a été ordonné prêtre, puis à Paris, où il a commencé des études de médecine achevées à Montpellier et à Lyon. On n'imagine pas ce que pouvaient être l'ambiance des tavernes, les chahuts d'étudiants et les rondes de nuit autour de la montagne Sainte-Geneviève sous le règne de François Ier. C'est dans cette grande orgie de fantaisie que naquirent les aventures des héros de Rabelais. Et quelle aventures !... L'extraordinaire roman que constitue la suite de *Pantagruel* (1532), *Gargantua* (1534), du *Tiers Livre* (1546), du *Quart Livre* (1552) et du *Cinquième Livre* (1564) explore toutes les formes possibles : livre de chevalerie, récit de voyage, traité métaphysique, hagiographie, bibliographie, théâtre... C'est un récit d'apprentissage dynamité de l'intérieur, une chronique populaire cousue d'inventions, de trivialités, d'énumérations, d'exagérations et de contrepèteries... Une ultime farce médiévale pleine de rots et de pets... Quelle régalade, quelle rigolade !... Cela émerveillait Jacques Perret... “Il existe une manière de déconner qui est lumineuse, roborative et fraternelle. Rabelais en est le champion. C'est une grâce du Ciel, et un signe, qu'il soit né Français, de Chinon"…

Rabelais est l'ami par excellence, rieur, curieux, amateur de nouveautés, passionné d'inventions. La Renaissance, qui redécouvrait le livre VIII de *L'Ethique à Nicomaque* d'Aristote, se faisait de l'amitié une idée que ne peuvent pas se figurer les citoyens-consommateurs d'un monde où s'est généralisée la guerre de tous contre tous par avocats interposés. Chez Rabelais, l'amitié est une utopie qui doit prendre corps. On le comprend à suivre les aventures de Pantagruel, Panurge, Epistémon et frère Jean des Entommeures qui embarquent au port de Thalasse, près de Saint-Malo, à la recherche de la Dive Bouteille. Au royaume ensoleillé des copains d'abord, plus besoin de police ni de clergé, de lois ni de châtiments. Et comme l'amitié donne soif, et la soif de bonnes idées, tout finit toujours à la cave, au milieu de vins dorés, vermeils et violacés du vieux pays, des beaux jus d'Anjou et du gentil vin blanc de la Devinière. "Avez-vous bien le tout entendu ? Beuvez donc un bon coup sans eau !"

Carnet d'adresses

LA CAVE

Avec les accords livres-vins du sommelier

A boire en lisant *Bleubite* d'Alphonse Boudard
Bugey, Cerdon
Elie et Alain Renardat-Fache
01450 Mérignat
Tél. : 04 74 39 97 19

A boire en lisant les *Contrerimes* de Paul-Jean Toulet
Jurançon, Clos Uroulat
Charles Hours
Quartier Trouilh
64360 Monein
Tél. : 05 59 21 46 19

A boire en lisant les *Mémoires de guerre* de Charles de Gaulle
Champagne Brut Nature, Zéro dosage
Michel Drappier
Rue des Vignes
10200 Urville
Tél. : 03 25 27 40 15

A boire en lisant *Les Eaux étroites* de Julien Gracq
Muscadet, "Amphibolite nature"
Joseph Landron
3, impasse du Fief-de-Breil
44690 La Haye-Fouassière
Tél. : 02 40 54 83 27

A boire lisant *Paris est une fête* d'Ernest Hemingway
Cheverny blanc, Domaine du Moulin
Hervé Villemade
Le Moulin neuf
41120 Cellettes
Tél. : 02 54 70 41 76

A boire en lisant *Le Goût et le Pouvoir* de Jonathan Nossiter
Vin de Table, "Quartz"
Claude Courtois
Les Cailloux
41230 Soings-en-Sologne
Tél. : 02 54 98 81 97

A boire en lisant les *Fables* de La Fontaine
Beaujolais
Yvon Métras
La Pierre
71570 Romanèche-Thorins
Tél. : 03 85 35 59 82

A boire en lisant *Panégyrique* de Guy Debord
Morgon, "Nature"
Marcel Lapierre
Les Chênes
69910 Villié-Morgon
Tél. : 04 74 04 23 89

A boire en lisant *Aurélien* de Louis Aragon
Saint-Joseph rouge, Romaneaux-Destezet
Hervé Souhaut
Domaine de Romaneaux-Destezet
07410 Arlebosc
Tél. : 04 75 06 78 23

A boire en lisant *Sanctuaire* de William Faulkner
VDT *Casot des Mailloles*
Alain Castex et Gyslaine Maguier
Casot des Mailloles
17, avenue du Puig-del-Mas
66650 Banyuls-sur-Mer
Tél. : 04 68 88 59 37

A boire en lisant les *Maximes* de La Rochefoucauld
Côtes du Rhône, La Sagesse, Domaine de Gramenon
Michèle Aubéry-Laurent
Domaine de Gramenon
26770 Montbrisson-sur-Lez
Tél. : 04 75 53 57 08

A boire en lisant la *Métaphysique* d'Aristote
Champagne, Substance

Anselme Selosse
Champagnes Jacques-Selosse
22 rue Ernest-Vallée
51190 Avize
Tél. : 03 26 57 53 56

A boire en lisant l'*Odyssée* d'Homère
Patrimonio blanc, "Grota di sole"
Antoine Arena
20253 Patrimonio
Tél. : 04 95 37 08 27

A boire en lisant *Venises* de Paul Morand
Pouilly-Vinzelles
Philippe Valette
Buissonnats
71310 Chaintré
Tél. : 03 85 35 66 59

A boire en lisant *Total Khéops* de Jean-Claude Izzo
Hermitage
René-Jean Dard et François Ribo
Blanche-Laine
26600 Mercurol
Tél. : 04 75 07 40 00

A boire en lisant *Un singe en hiver* d'Antoine Blondin
Saint-Romain blanc, Domaine de Chassorney
Frédéric Cossard
Domaine de Chassorney
21190 Saint-Romain
Tél. : 03 80 21 55 65

A boire en lisant *Le Temps des Boni* de Denis Lalanne
Gaillac sec, Mauzac vert
Robert et Bernard Plageoles
Domaine des Très Cantous
81140 Cahuzac-sur-Vère
Tél. : 05 63 33 90 40

A boire en lisant *L'Ile au trésor* de Robert-Louis Stevenson
Touraine KO *Clos des Roches*
Thierry Puzelat
14 rue des Manières
41120 Les Montils
Tél. : 02 54 44 05 06

A boire en lisant *Uranus* de Marcel Aymé
Arbois, Vin jaune
Pierre Overnoy
Rue du Ploussard
39600 Pupillin
Tél. : 03 84 66 14 60

A boire en lisant *Le Hussard sur le toit* de Jean Giono
Tavel, Domaine de l'Anglore
Eric Pfifferling
L'Anglore
Route des Vignobles
30126 Tavel
Tél. : 04 66 33 08 46

A boire en lisant *Poèmes à Lou* de Guillaume Apollinaire
Alsace, Gewustraminer, Kaeferkopff
Christian Binner
2 rue des Romains
68770 Ammerschwihr
Tél. : 03 89 78 23 20

A boire en lisant l'*Oraison funèbre d'Anne de Gonzague de Clèves, princesse Palatine*, de Jacques-Bénigne Bossuet
Vosne-Romanée, Hautes-Maizières, Prieuré-Roch
Henri-Frédéirc Roch
Domaine Prieuré-Roch
22, rue du Général-de-Gaulle
21700 Nuits-Saint-Georges
Tél. : 03 80 62 00 00

A boire en lisant *Pour venger Pépère* de A.D.G.
Chinon, Domaine des Roches
Alain et Jérôme Lenoir
Les Roches
19, rue d'Isoré
37420 Beaumont-en-Véron
Tél. : 02 47 58 40 09

A boire en lisant *La Nuit des chats bottés* de Frédéric H. Fajardie
Côtes du Roussilon, Zéro de conduite, Les Foulard-Rouges
Jean-François Nicq

Domaine des Foulards-Rouges
10, chemin du Roy
66740 Montesquieu
Tél. : 04 68 81 66 03

A boire en lisant *Bloc-notes* de François Mauriac
Bordeaux, Château du Puy
Jean-Pierre Amoreau
71, rue du Chais
33570 Saint-Cibard
Tél. : 05 57 51 24 28

A boire en lisant les *Annales* de Tacite
Pommard
Philippe Pacalet
Le Haut Prieuré
21700 Arcenat
Tél. : 03 80 61 34 69

A boire en lisant *Itinéraire spiritueux* de Gérard Oberlé
Saumur-Champigny, les Poyeux, Clos Rougeard
Charly et Nady Foucault
15, rue de l'Eglise
49400 Chacé
Tél. : 02 41 52 92 65

INDEX DES RECETTES

TABLE

OUVRAGE RÉALISÉ
PAR L'ATELIER GRAPHIQUE ACTES SUD
ACHEVÉ D'IMPRIMER
EN NOVEMBRE 2007
PAR L'IMPRIMERIE FLOCH
A MAYENNE
POUR LE COMPTE DES ÉDITIONS
ACTES SUD
LE MÉJAN
PLACE NINA-BERBEROVA
13200 ARLES

DÉPÔT LÉGAL
1re ÉDITION : NOVEMBRE 2007
N° impr. : 69626

(Imprimé en France)